U0873420

四川省交通物流发展蓝皮书

（2022）

四川省交通物流发展中心 组编

西南交通大学出版社
·成 都·

图书在版编目（CIP）数据

四川省交通物流发展蓝皮书. 2022 / 四川省交通物流发展中心组编. --成都：西南交通大学出版社，2023.10

ISBN 978-7-5643-8517-0

Ⅰ. ①四… Ⅱ. ①四… Ⅲ. ①交通运输业－物流－经济发展－研究－四川－2022 Ⅳ. ①F512.771

中国国家版本馆 CIP 数据核字（2023）第 188042 号

Sichuan Sheng Jiaotong Wuliu Fazhan Lanpishu (2022)

四川省交通物流发展蓝皮书（2022）

四川省交通物流发展中心／组编

责任编辑／李芳芳

封面设计／曹天擎

西南交通大学出版社出版发行

（四川省成都市金牛区二环路北一段 111 号西南交通大学创新大厦 21 楼　610031）

发行部电话：028-87600564　028-87600533

网址：http://www.xnjdcbs.com

印刷：四川煤田地质制图印务有限责任公司

成品尺寸　185 mm×260 mm

印张　11.75　　字数　257 千

版次　2023 年 10 月第 1 版　　印次　2023 年 10 月第 1 次

书号　ISBN 978-7-5643-8517-0

定价　68.00 元

图书如有印装质量问题　本社负责退换

版权所有　盗版必究　举报电话：028-87600562

《四川省交通物流发展蓝皮书（2022）》

编审委员会

主　任：宁　坚

副主任：柏吉琼　唐　力　陈　斌　刘晓波

委　员：（以姓氏笔画排序）

毛　敏　甘　蜜　帅　斌　田智猛

邬家建　陈武林　李鸿宝　李　霖

肖　尧　汪　涛　杨开贵　余　涛

张　锦　张　岩　费恒悦　姜艳梅

唐　科　徐　齐　崔堂民　龚元帅

黄静兰　彭宏琥

《四川省交通物流发展蓝皮书（2022）》

编写委员会

主　编： 柏吉琼　冯书明

副主编： 孙秋明　李　志　谭　亮

编　委：（以姓氏笔画排序）

方晓丽	王剑波	王　翔	王煜洲
冯元龙	冯彦乔	刘　霄	陈　林
李林娟	李彦伶	邱子桐	钟　媚
赵媛媛	钟月悦	唐秀娟	涂子学
徐艳姝	徐占东		

序

天地交而万物通。“物畅其流、货通天下”是千百年来民心所向的盛世华章。现代物流作为经济的“经脉”，是支撑产业链、提升价值链、打造供应链的重要支柱，在构建现代流通体系、促进形成强大国内市场、推动高质量发展、建设现代化经济体系中发挥着先导性、基础性、战略性作用。

党和国家高度重视物流业发展。习近平总书记指出：“物流业一头连着生产、一头连着消费，在市场经济中的地位越来越凸显。”党的二十大报告提出，“要建设高效顺畅的流通体系，降低物流成本”。近年来，国务院先后制定印发《关于进一步推进物流降本增效促进实体经济发展的意见》《关于进一步降低物流成本的实施意见》《“十四五”现代物流发展规划》等多个政策文件，对推进物流降本增效、促进现代物流发展做出明确具体的安排部署。

交通运输是现代流通体系的基础依托，作为承担物流总量最大、衔接物流环节最多、服务市场范围最广的关键环节，在保通保畅、提高物流运行效率、降低物流成本和风险防控等方面发挥着至关重要的作用。交通运输部将“打造绿色高效的现代物流系统”作为交通强国建设的重要内容，明确要求“充分发挥交通运输在推进物流业发展中的基础和主体作用，推动交通运输与现代物流的融合”，并提出了“现代交通物流体系加速完善”的发展目标。四川是交通大省，也是物流大省。推动四川物流高质量发展是四川省委省政府的重大关切，也是四川人民的热切期盼。四川省委省政府发布的《关于贯彻落实〈交通强国建设纲要〉加快建设交通强省的实施意见》专门就“发展绿色高效现代物流”做出安排部署。

近年来，四川省大力推动交通物流发展，物流通道网络和基础设施不断完善，以“四向八廊五枢纽”为骨架的现代综合立体交通运输体系基本成型，物流枢纽、物流基地、物流园区（中心）等设施的布局建设不断完善，市场主体持续壮大，四川省“一核两翼四区”的物流空间布局逐步形成，有效推动物流产业稳健运行，为促进四川省经济社会持续健康发展提供了有力支撑。

为全面总结提炼四川省交通物流发展成果，研究解决四川省交通物流发展的重大理论与实践应用问题，更好地服务现代物流业高质量发展，在四川省交通运输厅的指导支持下，四川省交通物流发展中心组织专业团队在深入行业企业调研的基础上编制了反映四川省交通物流发展状况的首部蓝皮书。

此蓝皮书是四川交通运输系统贯彻落实习近平总书记来川视察重要指示精神的具体举措，是服务国家战略、展现担当作为的主动探索，是勇当现代化四川开路先锋的生动实践。蓝皮书坚持问题导向、需求导向、市场导向、产业导向，全面系统梳理了四川省物流发展现状，对物流运输通道、物流枢纽及其他物流设施现状布局情况进行了全面分析，对公路、铁路、航空、水运等运输方式发展情况及国际物流、邮政快递发展等进行了深入研究，提出了促进四川省交通物流高质量发展的对策建议。希望此书能为社会各界系统了解四川省交通物流发展状况提供便利，为相关部门制定政策提供参考，为推进现代物流业高质量发展提供借鉴。

此序。

四川省物流保通保畅工作机制办公室

2023 年 10 月

前 言

党的十九大报告提出“建设交通强国”，党的二十大报告提出“加快建设交通强国”，党中央、国务院先后印发《交通强国建设纲要》《国家综合立体交通网规划纲要》，充分体现了以习近平同志为核心的党中央对交通强国建设的高度重视和殷切期望。2021年 1 月，交通运输部发布了《关于服务构建新发展格局的指导意见》，首次提出了“现代交通物流体系”，同时将加速完善现代交通物流体系列为发展目标，强调了交通物流领域发展的系统性、全局性和协同性。交通物流在整个物流体系中发挥着重要作用，通过优化交通运输方式和提高运输效率，可以有效降低物流成本、提高物流时间效率和服务质量，促进供应链协同和物流网络构建，推动现代物流业的发展。

当前，四川省交通物流业正处于重要的战略机遇期。为推动四川省物流高质量发展，我们组织四川交通职业技术学院编制《四川省交通物流发展蓝皮书（2022）》，旨在基于物流运输基础设施和运行现状的梳理分析，研究四川省交通物流发展特征和存在问题，进而对下一步发展路径提出对策建议，助力四川省现代物流体系加快构建。蓝皮书共分为 4 篇 14 章：综合篇，对四川省物流发展环境及总体情况进行了介绍，全面系统地梳理了当前四川省物流发展现状，通过 SWOT 分析（基于内外部竞争环境和竞争条件下的态势分析），明确了四川省交通物流的优势与劣势、发展面临的机会与威胁；基础篇，聚焦四川省“通道+枢纽+网络”的交通物流运行体系构建，对物流运输通道、物流枢纽及其他物流设施的布局等情况进行了全面梳理与分析；运行篇，从四川省交通物流的整体运行与发展情况、不同运输方式的发展情况以及国际物流和邮政快递发展等方面展开了翔实分析；回顾与展望篇，从交通物流运行规模效益、运输通道及运输结构、设施及市场主体、营商环境及服务质效等方面总结了四川省物流发展特点，并围绕交通物流基础设施体系不健全、交通物流成本偏高、产业支撑作用不强、行业专业水平亟待提高等问题，提出了补齐基础设施短板、做实物流发展支撑，降低物流运营成本、做优物流服务效率，推进产业协同发展、做大物流服务市场，提升行业专业水平、做强物流竞争优势、加大政府引导支持，做好物流基础保障等方面的对策建议，并就四川省物流业未来发展前景进行了展望。

编写组本着科学严谨的态度，通过到有关部门查阅资料、汇集数据、开展座谈调研等多种渠道搜集资料，并广泛征求意见和建议，深入分析研究论证后编制形成此蓝皮书。此蓝皮书能顺利完成，是四川省交通运输厅正确领导和大力支持的结果，也得益于四川省发展和改革委员会、四川省人民政府口岸与物流办公室、四川省邮政管理局、中国民用航空西南地区管理局、四川省交通运输厅道路运输管理局、四川省航务海事管理事务中心等部门（单位）和西南交通大学、四川省交通运输发展战略和规划科学研究院等高校和科研院（所），以及中国铁路成都局集团有限公司、四川省机场集团有限公司、四川蜀道物流集团有限公司等企业的大力支持，在此表示衷心的感谢。

由于本书涉及内容较多，数据收集有限，加之分析能力、编写水平有待提升，难免存在疏漏之处，敬请读者批评指正。

编写组

2023 年 10 月

目　录

综 合 篇

基 础 篇

运 行 篇

回顾与展望篇

综 合 篇

四川省作为“一带一路”建设和长江经济带发展的交汇点、西部内陆开放高地，在全国发展大局中具有重要地位。近年来，四川省更是迎来成渝地区双城经济圈建设重大机遇，作为全国“第四极”，党中央已将成渝地区双城经济圈建设列入国家区域重大战略，四川省对全国物流发展的助推作用日益凸显。在国内方面，四川省占据着连接我国西南、西北，贯通华南、华中的关键物流联运点；在国际方面，四川省依托经济走廊和西部陆海新通道成为国际物流的重要支点，有力支撑我国产业链供应链的畅通运转，在经济集聚、物资集散方面发挥着重要作用。近年来，四川省积极抢抓发展机遇，推动物流基础设施日益完善、产业规模恢复提升、市场韧性逐渐显现，物流业总体上呈现稳中有序的发展态势，在支撑经济发展、便利居民生活中发挥了重要作用，为四川省全面建设社会主义现代化提供了有力支撑。

1 发展环境

1.1 空间布局

《四川省“十四五”现代物流发展规划》提出“一核两翼四区”物流空间布局目标，将做强一核——将成都都市圈打造成为全国物流发展的重要增长极和极具竞争力的国际物流枢纽，带动四川省物流业高质量发展；拓展两翼——东北联动翼（绵阳、遂宁）和西南联动翼（乐山、雅安）；发展四区——川南物流发展区（自贡、泸州、内江、宜宾）、川东北物流发展区（广元、南充、广安、达州、巴中）、攀西物流发展区（攀枝花、凉山）、川西北物流发展区（阿坝、甘孜）。

随着各地区物流产业的大力发展，四川省“一核两翼四区”的物流空间布局正在逐步形成。其中，成都依托陆港型国家物流枢纽、空港型国家物流枢纽以及西部陆海新通道综合冷链物流成都国际铁路港基地等设施的建设，成为连接全国和世界主要城市的重要物流节点，在四川省的物流核心地位更加凸显；随着遂宁陆港型国家枢纽的建成、中欧班列成渝号（绵阳）发车以及乐山“两航、四铁、八高速”交通工程的陆续建成、川藏铁路成都至雅安段的开通运营等，东北和西南联动翼联动成都都市圈的纽带作用逐步发挥；依托达州商贸服务型国家物流枢纽、泸州港口型国家物流枢纽、攀枝花生产服务型国家物流枢纽和自贡国家骨干冷链物流基地、南充现代物流园等一批物流枢纽、基地、园区（中心）的规划建设，四个物流发展区发展潜力不断提升。四川省“一核两翼四区”空间布局逐步成熟，有效承载了物流服务于四川省产业发展和居民生活的功能。

1.2 发展潜力

近年来，四川省充分发挥区位优势，大力推动区域经济增速提质、营商环境优化提升，有效促进物流行业规模不断扩大，整体发展基础厚实、环境优良、潜力巨大。

1.2.1 区位特点明显

四川省地处西南，与青海省、甘肃省、陕西省、重庆市、云南省、贵州省、西藏自治区接壤，在区域经济联系、交通通行、市场联动等方面区位特点明显。在区域经济联系方面，四川省位于长江经济带中上游，是海上丝绸之路和陆上丝绸之路的交汇点，在国内西部地区经济发展中承担关键依托作用，在国际上也成为连接东南亚、南亚、东欧等地区的关键经济枢纽；在交通通行方面，四川省是重要交通要塞，是连接西南与西北、华中与华南、中亚南亚与东南亚的重要交通交汇点和交通走廊；在市场联动方面，四川省是西南甚至是整个西部最大的生产要素和商贸物流集散中心，近年来更是全方位扩大对外开放，从内陆腹地变为开放前沿地带。总体来说，四川省的区位特点使其在西部地区经济发展方面占据着重要战略地位，也为现代物流业提供了广阔发展空间。

1.2.2 资源禀赋优越

丰富的自然资源能够推动物流供需产生与发展。四川省是我国的资源大省，素有“天府之国”的美誉，自然资源丰富。其中，四川省土地面积 48.6 万平方千米，占全国国土总面积的 5.1%，居全国第 5 位；其境内共有大小河流近 1400 条，号称“千河之省”，四川省水资源总量约 3489.7 亿立方米，拥有的内河通航里程数居于全国第 4 位，水力资源丰富，长江、岷江、嘉陵江流经省内多个城市，在长江水运主通道中占据重要地位；其能源资源主要以水能、煤炭和天然气为主，水能资源约占 75%，煤炭资源约占 23.5%，天然气及石油资源约占 1.5%，太阳能、风能、地热资源也较为丰富，是我国重要的能源生产基地；拥有世界级的钒钛、锂、稀土等重要矿产资源，钒钛原料产量占全国份额 65%以上，钛储量占全国 93%，列全球第 1，钒储量占全国 63%，列全球第 3。总体来说，四川省资源禀赋优越，诸多要素的聚集使其具备较强的物流带动潜力，能有效激发物流发展动力和活力。

1.2.3 经济发展稳定

良好的经济实力是物流产业发展的基础和原动力。一般来说，经济总量和人均 GDP、产业结构占比、社会消费品零售总额以及进出口总额等是反映宏观经济运行情况的重要指标，与物流产业发展联系也较为紧密。以下是 5 个指标在 2018—2022 年的具体分析：

经济总量和人均 GDP 的发展能直接刺激物流需求。近年来，四川省经济总量和人均 GDP 始终保持稳步扩大和增长态势，如图 1-1 和图 1-2 所示，5 年内经济总量和人均 GDP 分别迈上新万亿和新万元台阶，经济总量稳居全国第 6 位，发展势头良好，经济实力显著增强。

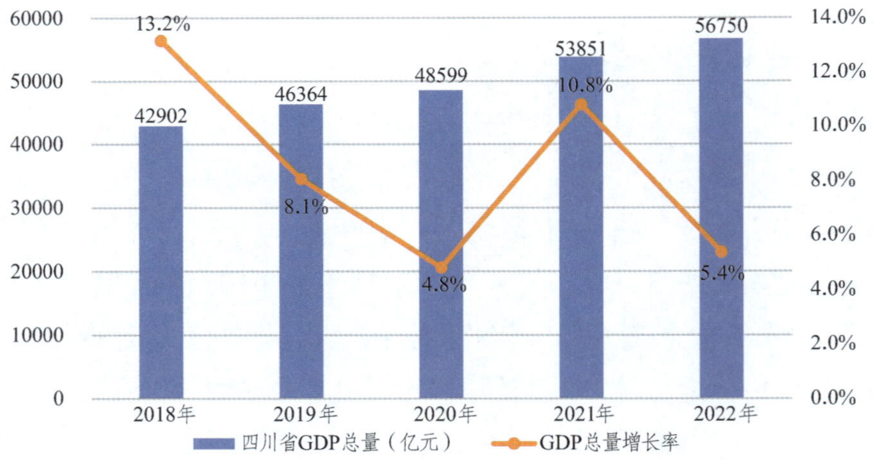

图 1-1　2018—2022 年四川省 GDP 总量及增长

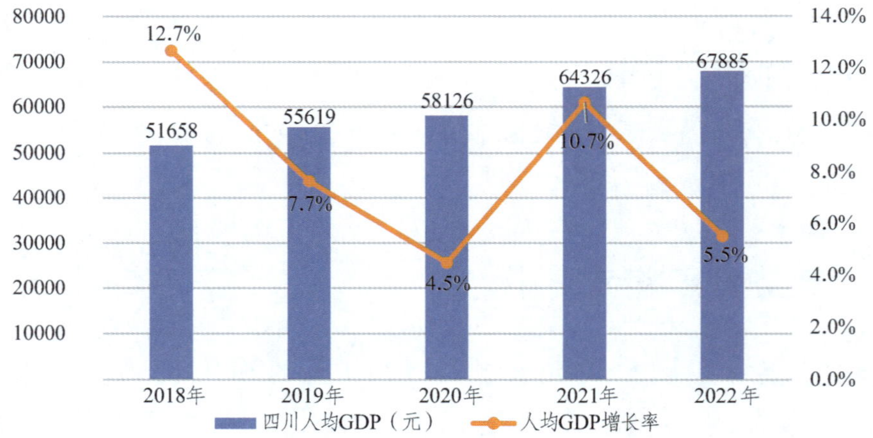

图 1-2　2018—2022 年四川省人均 GDP 及增长

产业结构反映了不同产业占比，2018—2022 年四川省产业结构变化情况如图 1-3 所示。近年来，四川省产业结构不断优化，第三产业占比稳步增长，第一产业产值和第二产业产值对总体产值的贡献率不断下降，第三产业的份额占 50%以上，对物流产业的带动作用持续增强。

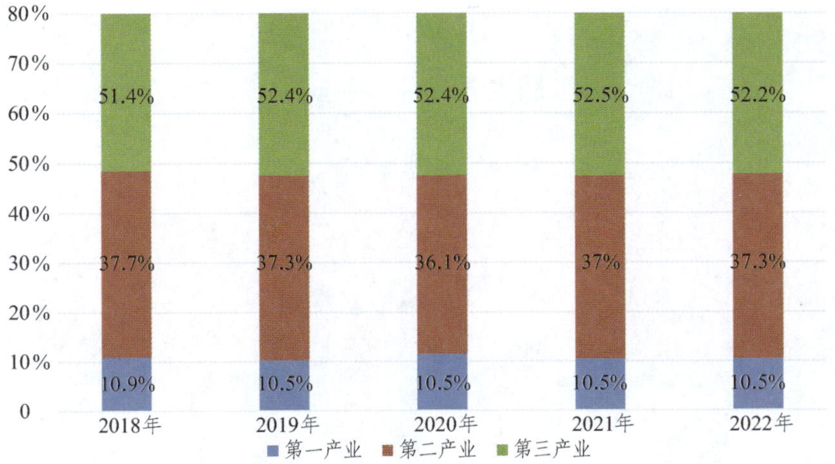

图 1-3 2018—2022 年四川省产业结构

社会消费品零售总额反映了全社会实物商品的消费情况，能够体现区域物流需求潜力。5 年来，四川省社会消费品零售总额呈现阶段性波动态势，如图 1-4 所示，2020 年受疫情冲击增速出现明显负增长，但随即 2021 年呈现复苏态势，2022 年与上一年基本持平，整体发展趋势向好，随着疫情的结束，消费市场下降态势有望扭转，居民消费能力和消费意愿将不断增强。

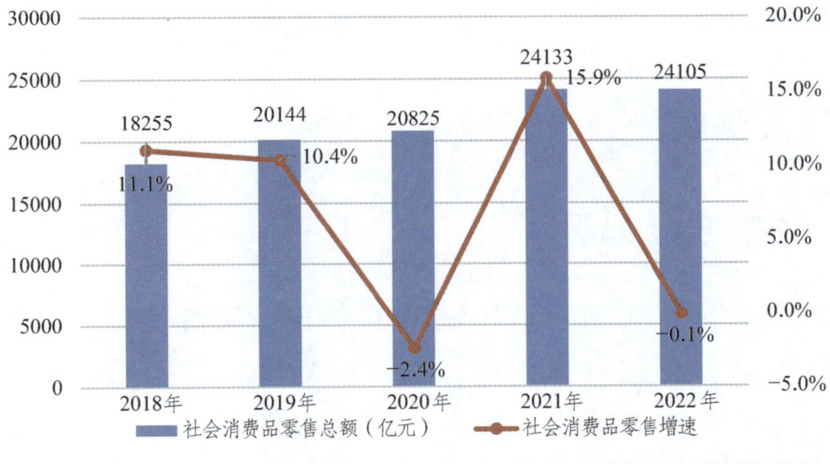

图 1-4 2018—2022 年四川省社会消费品零售总额及增长

进出口总额反映了对外贸易总体规模，而贸易的发展势必会带动物流资源的发展。四川省作为“一带一路”的重要节点之一，5 年来进出口总额稳定上升，2018—2022 年四川省进出口总额变化趋势如图 1-5 所示，四川省进出口总额在 2022 年达到 10076.7

亿元，首破万亿大关，成功举办了西博会、金砖国家国际竞争大会、中外知名企业四川行等活动，为四川省国际物流发展带来更多契机。

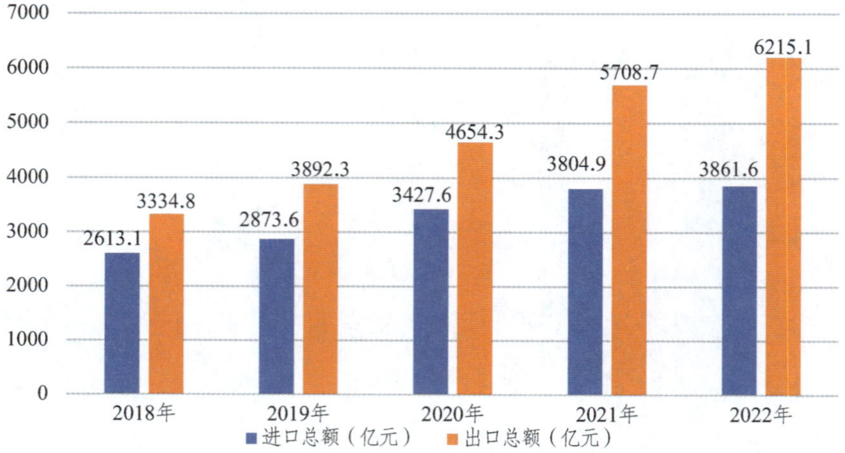

图 1-5　2018—2022 年四川省进出口总额

总体来说，近年来四川省经济发展呈现稳中加固态势，虽然受疫情影响部分指标增长有所放缓或下降，但整体经济基础依然强大，综合实力持续增强，能够有效带动商品流通需求和物流服务需求提升，为区域物流业的高质量发展注入强劲动力。

1.3　政策环境

1.3.1　国家政策部署

2022 年 5 月，我国物流领域第一个五年规划《“十四五”现代物流发展规划》正式发布，标志着我国物流业迈入系统整合、转型发展、功能提升的新阶段。规划聚焦建成供需适配、内外联通、安全高效、智慧绿色的现代物流体系目标，突出成本、效率、质量、效益等导向，对物流空间网络、运行结构、产业组织、服务体系等领域进行了综合和整体设计，提出了枢纽建设、通道构建、服务提升、价值创造、民生保障、安全发展等现代物流高质量发展的新方向和新体系，并明确了加快培育转型升级动能、挖掘重点领域潜力、强化发展支撑体系等重大任务，为提升我国物流发展战略地位和推进物流现代化发展提供了基本导向。

近年来国家还先后发布了《国家物流枢纽网络建设实施方案（2021—2025年）》（发改经贸〔2021〕956号）《国家发展改革委关于印发〈“十四五”现代流通体系建设规划〉的通知》（发改经贸〔2022〕78号）等多项物流业相关政策，科学有效指导了行业发展，为物流业高质量发展打下了坚实基础。

在建强交通网络方面，国家先后出台《国家综合立体交通网规划纲要》《加快建设交通强国五年行动计划（2023—2027年）》《新时代交通强国铁路先行规划纲要》等重要文件，提出加速构建“全国123出行交通圈”和“全球123快货物流圈”，为构建完善高质量国家综合立体交通网络提供了行动指南，为交通物流的发展注入了强大动能。

1.3.2 省内宏观政策

据不完全统计，2021年以来四川省相关政府部门先后出台了以下物流业相关重大政策文件：

2021年9月，四川省发展和改革委员会、四川省交通运输厅联合印发《四川省“十四五”现代物流发展规划》，提出到2025年，基本形成内外联通、安全高效、智慧绿色、经济便捷、融合联动的现代物流服务体系，力争将四川省建设成为连接“一带一路”、长江经济带的西部物流供应链中心和全国物流高质量发展示范区。

2021年10月，四川省交通运输厅、四川省邮政管理局联合印发《四川省“十四五”邮政业发展规划（2021—2025年）》，提出到2025年，四川省邮政业发展总体目标：服务能力、水平和质量稳步提升，发展不充分、不平衡局面明显改善，绿色、安全和创新发展水平进一步提升，强业惠民走在全国前列。

2022年2月，重庆市人民政府办公厅、四川省人民政府办公厅联合印发《共建成渝地区双城经济圈口岸物流体系实施方案》，提出将在统筹推进区域口岸物流联网运行、培育提升区域口岸物流经济发展动能、合作开展口岸物流设施建设运营、优化区域口岸物流协同发展环境4个方面协同建设，力争到2025年，川渝两地社会物流总额达到14万亿元。

2022年7月，四川省人民政府办公厅印发《四川省加强成渝地区双城经济圈交通基础设施建设规划》，提出提高运输效率，降低物流成本，建设顺畅集约、经济高效的物流骨干网，引导产业、人口及各类生产要素高效聚集，提升参与全球资源配置能力和整体经济效率，服务融入新发展格局。

2022年10月，四川省发展和改革委员会印发《四川省“十四五”现代流通体系建设实施方案》，提出从深化现代流通市场化改革、完善现代商贸流通体系、加快发展现代物流体系、增强交通运输流通承载能力等方面加快建设系统完备、创新引领、协同高效的现代流通体系。

1.3.3 省内其他相关政策

为促进物流行业降本增效，持续打造一流营商环境，更好地服务四川省经济社会高质量跨越式发展，2021年以来四川省针对行业发展出台了相关政策，主要包括：

2021年3月，四川省人民政府办公厅、重庆市人民政府办公厅联合印发《成渝地区双城经济圈“放管服”改革2021年重点任务清单》《川渝通办事项清单（第二批）》，提出推进成渝地区物流、单证流、信息流的互联互通和资源共享，提高两地通关和物流便利化程度等内容。

2021年3月，四川省第十三届人民代表大会常务委员会第二十六次会议通过《四川省优化营商环境条例》，提出完善跨境贸易便利化措施，优化口岸作业和物流组织模式，推进口岸物流单证无纸化，提升全流程电子化程度，压缩口岸整体通关时间，通过市场引导、行业规范等方式，降低进出口环节的合规成本，实现口岸收费合理稳定等内容。

2022 年 4 月，四川省人民政府办公厅印发《四川省深化“放管服”改革优化营商环境 2022 年工作要点》，提出持续提升“一网通办”能力，大力推进“网上办”“掌上办”，深化“一件事一次办”改革，加快推动国际贸易“单一窗口”服务功能向口岸物流、贸易服务等方面拓展，深化成渝地区双城经济圈“放管服”改革等内容。

2022 年 5 月，四川省人民政府印发《推进自由贸易试验区贸易投资便利化改革创新若干措施》，提出提升国际物流便利度，支持成都市建设国际门户枢纽城市，支持建立全货运航空公司，推进多式联运“一单制”，提升航运管理服务效率等内容。

2 总体情况

2.1 整体运行平稳有序

2022年四川省社会物流总额达到106487.7亿元,同比增长4.0%。从各个季度分析，社会物流总额呈逐季度增长趋势，各季度平均增长7.2%，其中，第4季度同比第3季度增长最为迅速，增速达到12.9%。从结构来看，工业品物流总额59604.2亿元、增长4.7%，占比56.0%；进口货物物流总额33344.0亿元、增长2.3%，占比31.3%；农产品物流总额9859.8亿元、增长4.0%，占比9.3%；再生资源物流总额260.7亿元、增长13.4%；单位与居民物品物流总额3419.0亿元、增长8.3%。四川省社会物流总费用8574.9亿元、增长17.1%，增速比上年高1.3个百分点，从各个季度分析，社会物流总费用在前3个季度呈逐季度增长趋势，第2季度同比第1季度增长8.2%，第3季度同比第2季度增长11.1%，第4季度与第3季度基本持平；从构成看，运输费用6124.6亿元、增长23.8%，占比71.4%；保管费用1780.7亿元、增长3.7%，占比20.8%；管理费用669.6亿元、增长1.7%，占比7.8%。2022年，四川省物流业实现总收入5808.5亿元、增长10.2%，增速比上年高0.9个百分点。从各个季度分析，第2季度和第4季度的物流总收入明显高于第1季度和第3季度，其中第2季度同比第1季度增长11.2%，第4季度同比第3季度增长10.2%。2022年各季度相关物流指标统计数据如图2-1所示。

总体来说，2022年以来，虽然疫情、高温干旱、缺电保供、地震等多重冲击对四川省物流业发展造成了一定影响，供需增速有所放缓，但整体运行仍然稳中有序，物流规模持续扩张、需求结构持续优化、物流收入平稳增长，具备较强的行业发展韧性。

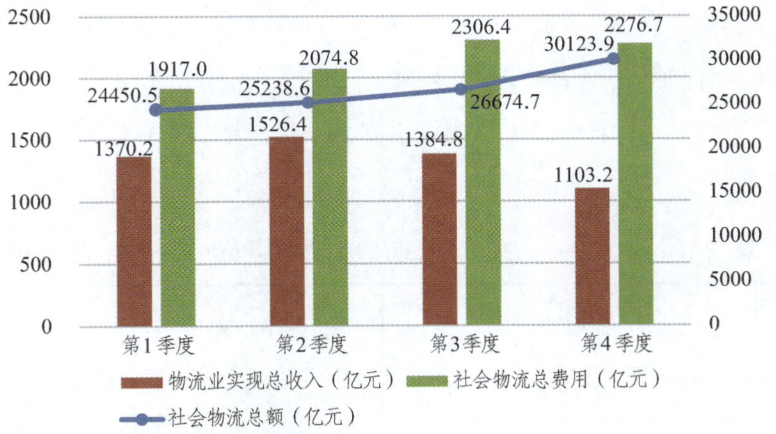

图 2-1　2022 年社会物流总额、物流业总收入及社会物流总费用季度分布

2.2　基础设施支撑有力

近年来，四川省物流通道网络和基础设施不断完善，以“四向八廊五枢纽”为骨架的现代综合立体交通运输体系基本成型，对外物流通道四向拓展，内部通道强干延支，枢纽设施逐步成网。截至 2022 年年底，四川省铁路运营里程达到 5937 km，高铁运营里程达到 1390 km；公路总里程 40.5 万千米，居全国第 1，高速公路达到 9179 km，居全国第 3，进出川大通道增至 41 条；民用运输机场 16 个，“2 个枢纽 14 条支线”航空通道布局体系；“一横五纵”“两核四翼”港航体系格局基本形成；已建和在建 230 余个物流园区（中心、基地），成都市、遂宁市、攀枝花市、泸州市、达州市等城市入选国家物流枢纽承载城市；建成开放物流口岸 4 个（含 3 个临时口岸），综合保税区 6 个，跨境电商综合试验区 8 个，海关特殊监管区域（场所）18 个，物流通道和设施规模在持续扩大，为物流产业高质量发展提供了有力支撑基础。

2.3　产业规模恢复提升

5 年来，四川省物流产业规模呈现波动发展态势。2018—2022 年四川省物流产业规模相关指标如表 2-1 所示，物流产业增加值（此处为交通运输、仓储和邮政业增加值）、货运量、货物周转量在2019年和2020年存在不同程度的下降；2021年和2022年，各项指标又呈现上升状态，其中，2022年的货运总量达18.44亿吨，基本接近疫情前水平。

表2-1 2018—2022年四川省物流产业规模相关指标

年份	物流产业增加值/亿元	货运量/亿吨	货物周转量/亿吨千米
2018年	1401.66	18.57	2817.90
2019年	1473.14	17.56	2573.30
2020年	1359.52	17.02	2735.40
2021年	1553.55	18.23	2940.80
2022年	1587.45	18.44	3052.26

物流产业对四川省经济的贡献度在一定程度上也受到了疫情影响。图2-2展示了2018—2022年物流业增加值占第三产业增加值及GDP的比例。从2019年疫情发生后，占比均呈现下降趋势，到2021年，随着疫情常态化发展，相关指标有小幅回升，随后2022年占比又出现小幅回落，与2020年相近，说明物流业对四川省经济社会发展的贡献度受疫情影响较大，产业支撑和引领作用还有待进一步提升。

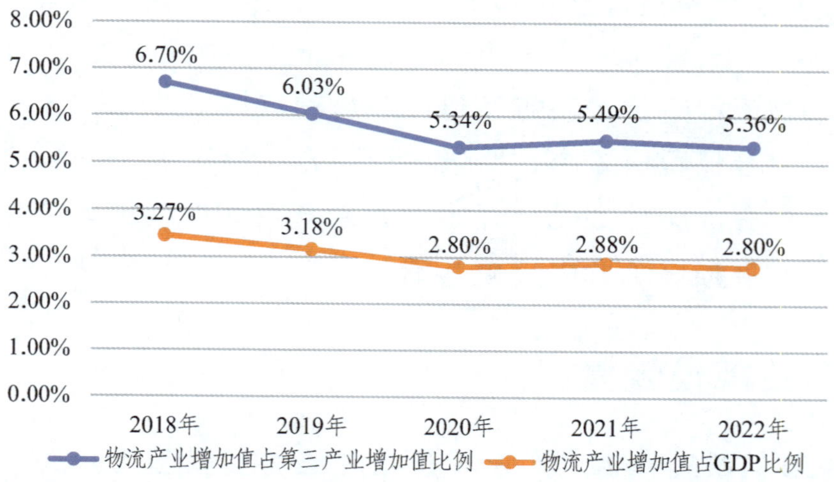

图2-2 2018—2022四川省物流产业增加值占第三产业增加值和占GDP的比例

总体来说，近年来疫情对物流产业规模的发展造成了一定影响。2021 年后物流产业增加值、货运量和货物周转量逐步向好，说明产业规模提升呈现恢复态势，在疫情防控全面放开的背景下，物流产业将逐步回暖，对经济发展的贡献度将有望提升。

2.4 市场韧性逐渐显现

随着物流产业规模的扩大，近年来四川省物流产业市场主体数量也在逐步壮大，基本形成了以 5A 级企业为龙头、规模以上企业为骨干、中小企业为支撑的梯度发展格局。四川省规模以上物流企业超过 1100 家，德迅、普洛斯、马士基、顺丰航空、京东等国内外知名物流头部企业落户四川省，食品轻纺、装备制造、能源化工等优势产业领域物流企业竞争力显著增强，物流企业数量和规模位居西部前列。图 2-3 和图 2-4 分别展示 2021 年和 2022 年四川省和全国物流景气指数，四川省 2021 年物流业景气指数逐季走高，仅第 1 季度略低于全国平均，其他 3 个季度均高于全国平均，说明四川省的物流主体活力进一步激发，而 2022 年因受全国疫情多点散发影响，行业景气指数和波动较大，仅 6 个月高于全国平均水平，整体情况不如 2021 年。但自 10 月起，物流业景气指数实现较大幅度回升，在 12 月疫情高峰期阶段依然保持在景气区间，说明市场韧性较强。

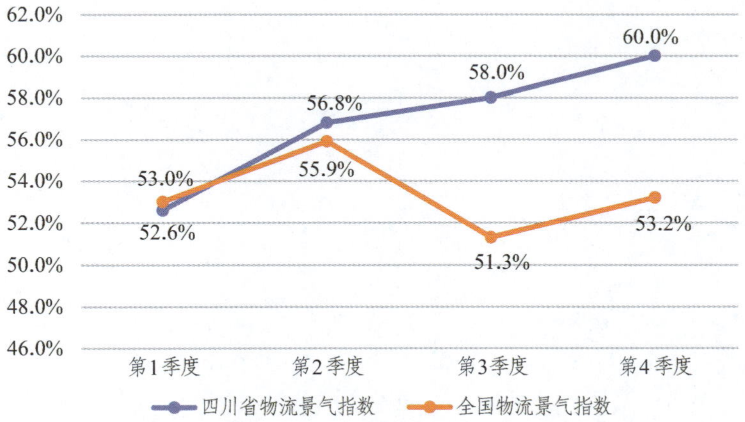

图 2-3 2021 年四川省及全国物流景气指数季度分布

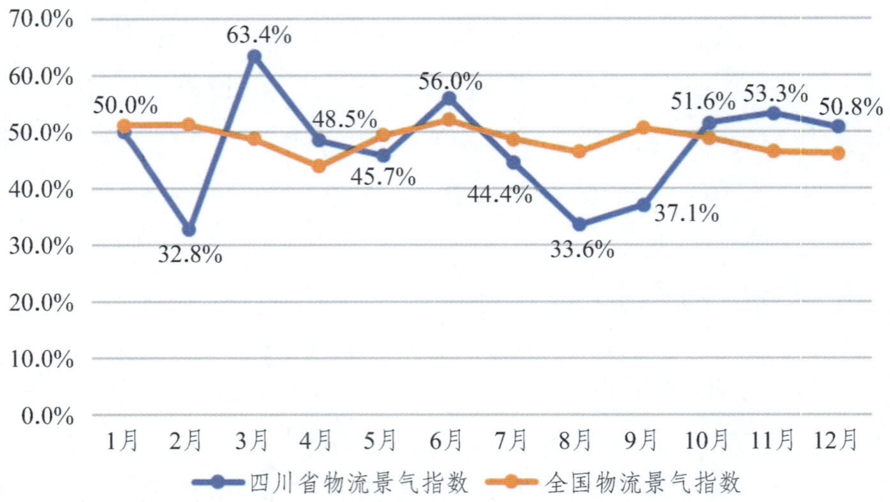

图 2-4　2022 年四川省及全国物流景气指数月度分布

总体来说，四川省物流业经受了国际严峻环境和国内疫情等多重考验，低迷状态逐步好转，市场韧性不断增强，企业对物流行业发展整体预期较为乐观。而随着疫情防控全面放开、助企纾困政策发挥效果和更多稳增长政策的落地实施，物流行业整体景气水平有望继续回升，将有效提升企业对市场的发展信心。

3 四川省物流发展SWOT分析

3.1 发展优势

通过前述分析可以发现，四川省物流业发展主要具备四大优势：一是区位资源优势创造了独有的发展条件。四川省自然资源丰富，在区域经济联系、市场联动等方面优势明显，具备推动物流业发展的天然基础条件。二是经济实力优势孕育了强劲的发展需求。四川省整体经济基础强大，近年来综合实力持续增强，宏观经济运行指标总体向好，同时电子信息、装备制造、食品轻纺、先进材料和能源化工等支柱产业蓬勃发展，产品市场遍及全球，有效刺激了物流业的发展需求。三是体系完善优势打牢了坚实的发展基础。目前四川省已初步建成了以铁路、公路、航空、水运为骨架的交通运输体系，综合运输网络初具规模，同时随着成都陆港型、成都空港型、遂宁陆港型、达州商贸服务型等物流枢纽及西部陆海新通道综合冷链物流成都国际铁路港基地、自贡国家骨干冷链物流基地等一批基地园区（中心）的建立，四川省物流发展的硬件基础持续夯实。四是政策环境优势激发了良好的发展活力。近年来四川省围绕交通物流发展出台了《四川省“十四五”现代物流发展规划》等多项文件，强大的政策支持有效促进了四川省交通物流网络体系的建设,在“筑巢”的同时，也围绕打造一流营商环境出台了一系列惠企政策，为四川省物流业创新活力发展投入了保障支持。

3.2 存在劣势

近年来四川省物流发展水平得到明显提升，但整体产业竞争力相较于东部沿海地区存在一定差距。从基础支撑看，目前四川省区域经济发展不够均衡，交通基础设施功能布局不完善，物流配套设施也未实现“多点开花”，对产业的支撑及带动能力不足，一定程度上造成了物流运行环节增多、成本增高，制约了行业发展。从专业程度看，目前物流市场主体规模小、分布零散、运行效率偏低，大部分物流企业科技含量不高，缺乏高精尖的物流专业化人才，物流创新技术投入不足，较多企业还依赖传统分拣和配送技术，发展较为粗放，缺乏具有较强供应链整合能力和全球竞争力的现代物流供应链企业，信息化平台水平不高，智能化装备还未完全普及，绿色物流发展还在试点探索阶段，创新发展水平还有待提升。

3.3 重要机遇

当前，我国进入全面建设社会主义现代化国家新征程，以国内大循环为主体、国内国际双循环相互促进的新发展格局正在加快构建。党的二十大报告中指出，要“增强国内大循环内生动力和可靠性，提升国际循环质量和水平，加快建设现代化经济体系，着力提高全要素生产率，着力提升产业链供应链韧性和安全水平”。新时代对物流发展的新要求势必会进一步为物流业高质量发展注入强大内生动力。同时，随着经济由高速发展转变为高质量发展，人民对美好生活的向往促进消费规模持续扩大、消费水平不断提高，也催生了巨大的物流需求，这将有效促使物流业服务质量和效率提高。而随着“一带一路”建设、长江经济带发展、新时代西部大开发、成渝地区双城经济圈建设、西部陆海新通道建设等国家战略深入实施，四川省独特的地理位置使其物流业具备天然的发展优势。近年来省内经济社会发展迈上新台阶，逐步由内陆腹地走向开放前沿，物流降本增效、减税降费等有效推进，市场规范化管理水平大幅提升，政策环境逐步优化，物流业转型升级基础不断夯实，发展前景广阔。同时，近年来5G、人工智能、区块链等新技术在物流领域逐步广泛运用，智能仓储、无接触配送等“互联网+”高效物流新模式、新业态不断涌现，现代物流创新发展动能持续增强，将迎来更多发展新机遇。

3.4 面临挑战

从全球环境看，受百年变局加速演进等多重因素影响，外部环境更趋复杂严峻，全球经济增速下行并步入中低速增长轨道，产业链供应链不稳定性、不确定性明显增加，对物流业抗风险能力带来巨大挑战。从经济发展看，当前我国经济恢复的基础尚不牢固，需求收缩、供给冲击、预期转弱三重压力仍然较大，对物流需求带来的冲击仍然存在，物流市场运行仍然面临较大的压力。从行业自身看，产业加快转型升级亟须物流业与制造业、现代农业、服务业等深度融合创新发展，而土地、劳动力等要素成本快速上升，传统物流运作模式难以为继，亟须物流发展，两业融合的发展对物流人才的要求进一步提高，专业复合型高技能人才的匮乏是行业发展面临的重要挑战之一。从发展趋势看，实现碳中和、碳达峰目标对物流业绿色节约、安全韧性发展提出了新的更高要求，发展路径还需进一步探索创新。

基 础 篇

近年来，四川省坚持以推动物流高质量发展为主题，以提高物流专业化、现代化和国际化水平为主线，持续完善物流基础设施，着力构建“通道+枢纽+网络”的现代物流运行体系，建设连接“一带一路”、长江经济带的西部物流供应链中心和全国物流高质量发展示范区，为主动融入以国内大循环为主体、国内国际双循环相互促进的新发展格局提供了坚实的物流服务基础保障。

4 物流运输通道

4.1 铁路运输通道

近年来，四川省锚定内联外畅目标，大力推动“四向八廊十六通道”现代铁路干线网络建设，铁路营业里程逐年增长。如图 4-1 所示，近 5 年新增里程 959 km，截至 2022 年年底，四川省铁路营业里程达到 5937 km，覆盖四川省 18 个地市（州），高铁运营里程达到 1390 km，已顺利融入国家“八纵八横”高速铁路主通道，内外互联互通、区际多路畅通、主要城市高效连通、重点县域快速通达的铁路网络逐步形成。

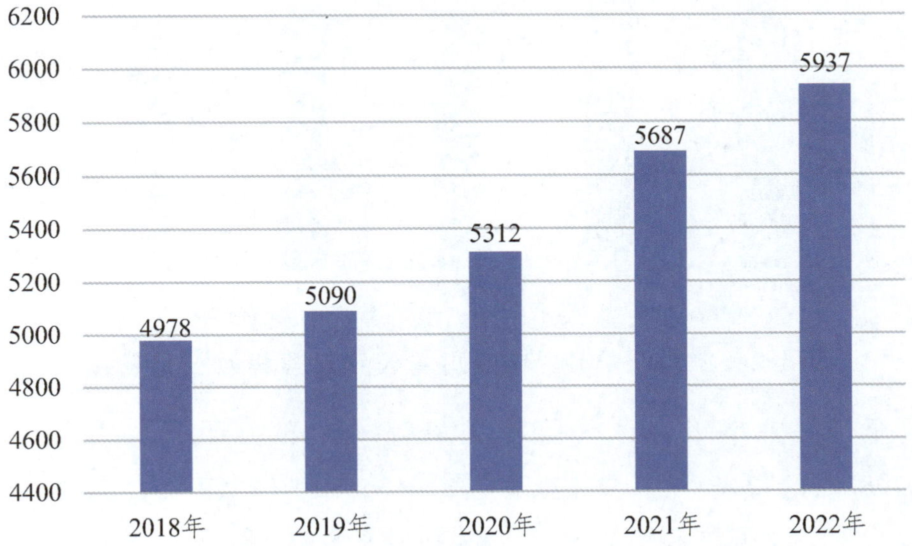

图 4-1 2018—2022 年四川省铁路营业里程（km）

总体来说，近年来四川省铁路联网、补网、强链推进步伐不断加速，通道网络正在加速织密，运输布局和能力不断优化升级，但是铁路营业里程、覆盖率及通达性还不能满足四川省物流发展需求，如至京津冀、粤港澳大湾区、北部湾的进出川通道依然缺乏较高标准的高铁通道，南向西部陆海新通道西线铁路通道技术标准偏低，仍有 10 个地市（州）未通高铁。

4.2 公路运输通道

近年来，四川省加快推进高速公路贯通成网、干线公路提档升级、农村公路通村畅乡，连续 12 年公路建设投资超千亿，公路线网总里程和密度增势明显。如图 4-2 所示，5 年期间实现线网总里程新增 7.3 万千米，线网密度新增 15.1 千米/百平方千米，高速公路里程新增 1932 km，截至 2022 年年底，四川省公路总里程 40.5 万千米，位居全国第 1，高速公路通车里程已经突破 9000 km，达到 9179 km，位居全国第 3。

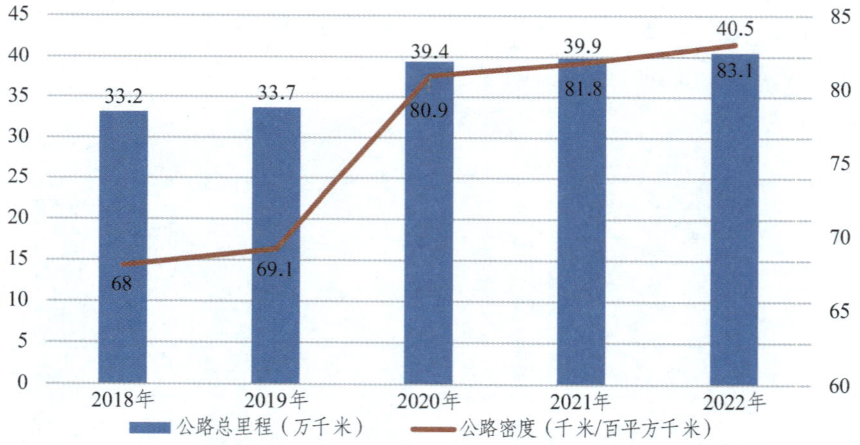

图 4-2　2018—2022 年四川省公路总里程及公路密度

截至 2022 年年底，公路养护里程 40.45 万千米，占公路总里程 99.9%。公路里程具体构成见图 4-3，其中，四级及以上等级公路里程 39.3 万千米，比上年末增加 0.8 万千米，占公路总里程 97.0%、提高 0.5 个百分点。其中，二级及以上等级公路里程 3.2

万千米，增加 1442 km，占公路总里程 7.9%，提高 0.2 个百分点；高速公路里程 9179 km、增加 571 km，其中，国家高速公路里程 5431 km，增加 96 km，省道高速公路里程 3671 km，增加 474 km。

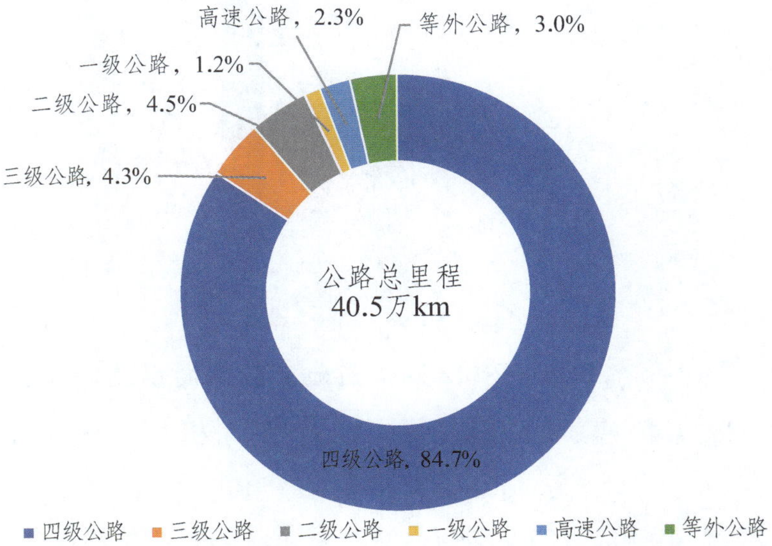

图 4-3　2022 年四川省公路里程分技术等级构成

总体来说，四川省公路投资持续保持高位运行态势，路网规模不断扩大，预计到 2025 年，公路网里程将达 43 万千米，高速公路规模突破 1 万千米，三级路网结构显著优化，县城、村镇、景区、港区通畅水平将明显提升，现代化综合交通运输体系基础将有效夯实。

4.3　航空运输通道

四川省作为我国重要的民航大省，坚持大力畅通航空通道，全面统筹枢纽机场、支线机场、通用机场、货运机场建设发展，航空货站面积处于不断增加状态。图 4-4 展示了近年来四川省航空货站面积及增长情况，自 2021 年天府机场投运，航空货站面积有了大幅提升，增长率达到 156.29%，说明天府机场的投入使用有力助推了四川省的航空运输能力发展。成都市“一城双场、两场一体”的国际航空枢纽形态正式确立，四川省也形成了“2 个枢纽 14 条支线”

航空通道布局体系。

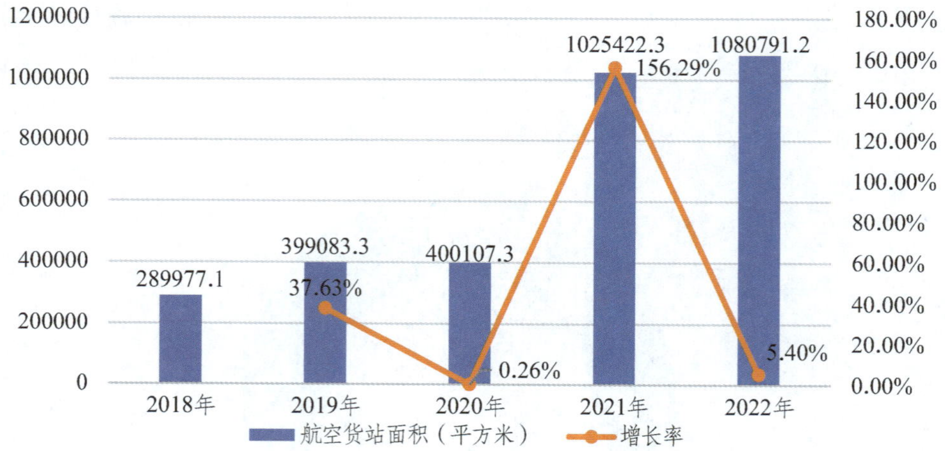

图 4-4　2018—2022 四川省航空货站面积及增长

截至 2022 年年底，四川省共有 16 个民用机场，具体如表 4-1 所示，其中有 7 个属于高原机场，海拔在 3000～4000 m 的机场有 2 个，海拔超过 4000 m 的机场有 3 个；全年货邮吞吐量达到 1000 t 以上的机场有 7 个，较上年末减少 1 个，按货邮吞吐量从高到低分别是：成都双流国际机场、成都天府国际机场、绵阳南郊机场、宜宾五粮液机场、泸州云龙机场、南充高坪机场、西昌青山机场。

表 4-1　四川省机场等级

行区等级	机场
4F	成都双流国际机场、成都天府国际机场
4D	九寨黄龙机场、绵阳南郊机场、西昌青山机场
4C	宜宾五粮液机场、泸州云龙机场、南充高坪机场、达州河市机场、巴中恩阳机场、广元盘龙机场、阿坝红原机场、甘孜康定机场、稻城亚丁机场、攀枝花保安营机场、甘孜格萨尔机场

在货运航线方面，四川省以成都市为核心，加速畅通国际国内航线，截至 2022 年年底，成都市已累计开通国内定期航班航线 467 条，其中双流机场累计开通国内定期航班航线 226 条，天府机场累计开通国内定期航班航线 241 条。同时，四川省坚持大力推进国际航空枢纽和航线建设，全力构建以成都市为核心、西向欧洲、东至

北美、南至南亚东南亚的“Y”形全球航空货运网络，打造国际航空货运通道，拓展全球主要客货运枢纽航线高效衔接的洲际 10 小时、亚洲 5 小时航程圈等，截至 2022 年年底，累计开通国际（地区）航班航线 131 条。2022 年是成都市新开通国际定期货运航线数最多的一年，至纽约、特拉维夫、列日、孟买、加德满都 5 条国际定期直飞货运航线开通，稳定运营的国际货运航线数量增至 20 条，阿姆斯特丹、布鲁塞尔等骨干航线频次，基本形成了通达欧洲、北美、亚洲的货运骨干航线网络。

总体来说，近年来四川省持续发力打造布局合理、规模适度、干支结合、分工明确的机场布局体系，航空运输网络不断完善，根据《四川省“十四五”规划和 2035 年远景目标纲要》，未来将进一步提升全球性航空枢纽竞争力，强化国际航空门户枢纽功能，促进“两场一体”运营，完善乐山、阆中等支线机场布局，优化国际航线网络，“干支结合、客货并举”的航空运输体系正在逐步完善。

4.4 水运运输通道

四川省位于长江黄金水道上游，水系发达，有“千河之省”之称，拥有多条国家高等级航道，近年来坚持以长江、岷江、嘉陵江、金沙江、渠江为骨干，沱江、涪江为补充，不断发展内河水运。2018—2022 年四川省航运相关指标如表 4-2 所示，从中可以发现固定资产投资、通航里程和港口货物吞吐能力在 2022 年有了明显提升，其中固定资产投资比上年增长 24.84%，通航里程与上年持平，港口货物吞吐能力增长 11.74%。在航道构成方面，2022 年航道通航里程分技术等级构成如图 4-5 所示，其中高等级航道（三级及以上）通航里程达到 866 km，占总里程 7.96%，与 2021 年持平，四级航道通航里程 1026 km，相较于 2021 年新增 144 km，占比从 8.11% 增加到 9.43%，实现高等级通航里程小幅提升，四川省水运运能和效益进一步增强。

表 4-2 2018—2022 年四川省航运相关指标

年份	固定资产投资/亿元	通航里程/km	港口/个	港口货物吞吐能力/万吨	港口集装箱吞吐能力/万 TEU	港口千吨级泊位/个	港口企业/家
2018 年	56.98	10540	17	7940	233	47	30
2019 年	53.60	10540	17	7639	233	47	32
2020 年	52.66	10540	18	7667	250	47	60
2021 年	52.93	10881	18	9299	250	42	86
2022 年	66.08	10881	18	10391	250	44	92

四川省交通运输厅将 2022 年确定为“四川水运突破年”。全年水路交通投资完成 66 亿元，延续了水运投资连续 7 年超 50 亿元的强劲势头。四川省水运服务效能持续提升，长江川境段、岷江、嘉陵江、渠江、金沙江 5 条高等级航道达标升级工程建设加快推进，基本实现干支衔接、通达通畅的“5+2”航道体系；金沙江下段各梯级电站陆续建成蓄水，向家坝电站升船机成为支撑金沙江货运直航长江的关键一环，其翻坝转运体系有效推进转运量呈现爆发式增长，全年过坝货运量 873.36 万吨，同比增长 28.84%，其中，翻坝货运量 704.3 万吨，同比增长 32.91%；升船机货运量 169.06 万吨，同比增长 14.28%，均创历史同期最高水平。港口群服务能力明显提高，建成泸州港、宜宾港、泸州水上服务区、广安港 4 个“暖心之家”。泸州港“船边直提”模式实现货物抵港卸船“零延时”“零堆存”，广安港首批一体化通关外贸保税货物抵港入驻保税仓，数字化赋能让川南三港变“一港”，港口资源利用率及港口运作效率大力提升。航运企业不断壮大，现有万吨以上运力的航运企业 28 家，省际运输企业 68 家；省际货船 348 艘，千吨级以上载重货船 267 艘，最大单船载重 8000 t。

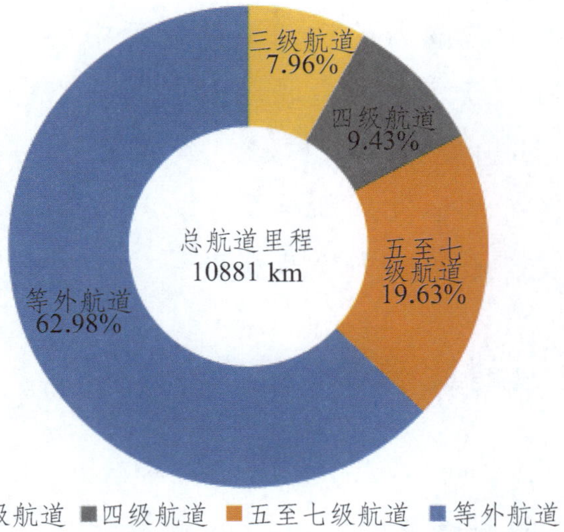

图 4-5 2022 年四川省内河航道通航里程分技术等级构成

同时，四川省坚持运输优先、发展为要，通过引导适水货物公铁转水，发展水水中转、铁水联运、公水联运等举措调整水路运输结构，推动四川省水运融入中欧班列、中亚班列、西部陆海新通道等国际物流大通道，切实服务川货出川出海，助力四川省构建“四向拓展、全域开放”的对外开放新格局。2022 年以来已稳定运行泸州市至成都市、昆明市、攀枝花市等 11 条铁水联运班列，累计开行“泸州号”中欧班列 10 列、中亚班列 1 列，开行宜宾—上海、泸州—武汉、九江、南京、上海等集装箱直航班轮共 15 条班轮航线，铁水联运班列和集装箱班轮航线的稳定运行，共同为腹地长途大宗物资和对时间成本不敏感货物运输组织提供了更经济、便捷的运输方案。

另外，为进一步推进成渝地区双城经济圈建设，2022 年 7 月，重庆市政府办公厅、四川省政府办公厅联合印发《共建长江上游航运中心实施方案》，提出将加快建设以长江干线为主通道、重要支流为骨架的航道网络，打造分工协作、结构合理、功能完善的港口集群，形成以重庆长江上游航运中心为核心，以泸州港、宜宾港等为骨干，其他港口共同发展的总体格局。到 2025 年，基本建成航运产业要素聚集、航运服务功能健全、航运市场繁荣规范、具有国际和区域航运资源配置能力的长江上游航运中心，成为“一带一路”、长江经济带、西部陆海新通道联动发展的战略性枢纽。

总体来说，四川省锚定“两核四翼多点、一横五纵多线”港航体系，大力构建了水运发展新格局，实现了航道网络干支相连、港口功能持续拓展、服务能力稳步提升。

4.5 运输通道对比分析

为进一步掌握不同运输通道建设运营情况，图 4-6 和图 4-7 分别展示了 2022 年四川省及全国不同运输方式固定资产投资和运营/通航里程情况，从图中可以看出，仅航空的投资低于全国平均水平，这充分说明近年来四川省对交通运输网络构建的重视；不同运输方式里程数高于全国平均水平，说明整体发展势头良好；在四川省不同运输通道中，公路固定资产投资和里程数远高于其他方式，说明目前四川省运输通道仍以公路运输为主；铁路固定资产投资居第 2 位，说明铁路建设发展力度在不断加大；水运通航里程远高于全国平均水平，是名副其实的水运大省。

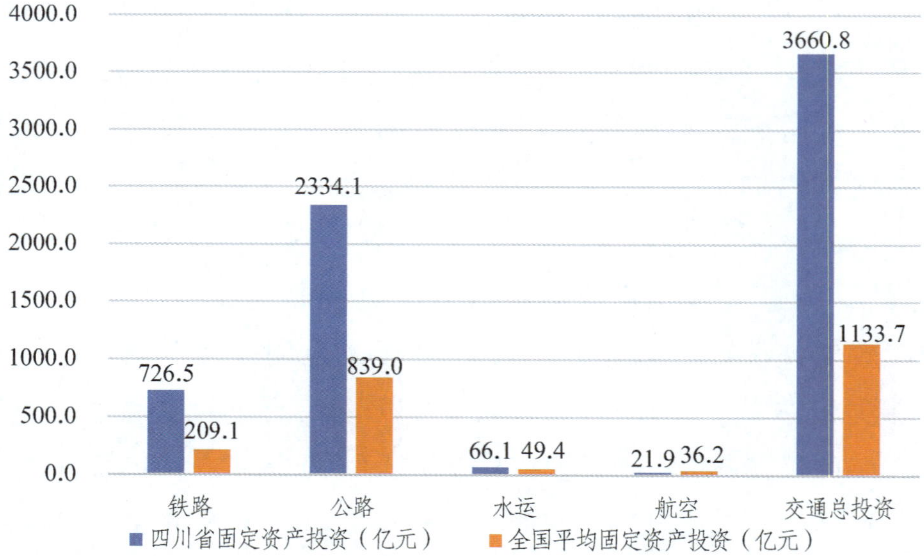

图 4-6 2022 年四川省及全国不同运输方式固定资产投资

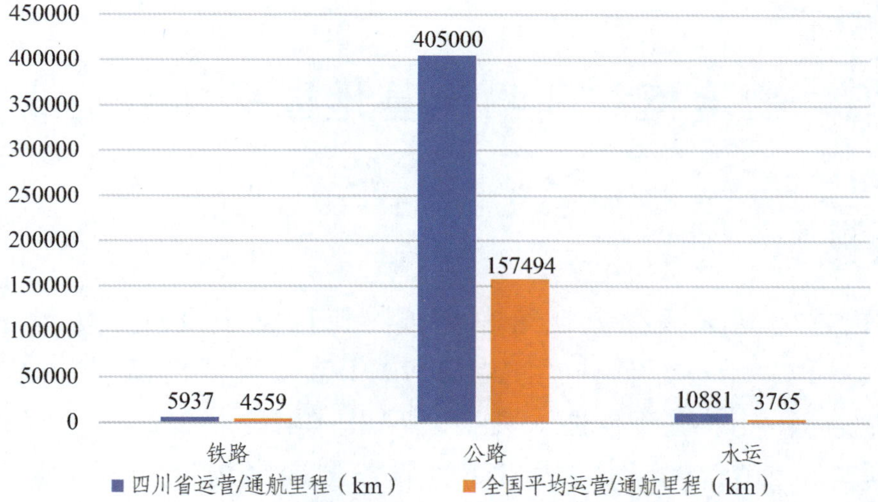

图 4-7 2022 年四川省及全国不同运输方式运营/通航里程

5 物流枢纽和物流基地园区（中心）

5.1 物流枢纽

四川省的国家级物流枢纽在全国物流网络中发挥着关键节点、重要平台和骨干枢纽的作用。自 2019 年起，我国已经累计公布了 4 批，共 95 个国家物流枢纽。其中，四川省累计获批了 4 个，数量位居全国省市前列，分别是达州商贸服务型国家物流枢纽、成都空港型国家物流枢纽、遂宁陆港型国家物流枢纽、成都陆港型国家物流枢纽，总数量排名居全国第一梯队。另外，还有攀枝花生产服务型国家物流枢纽和泸州港口型国家物流枢纽 2 个大型申建中的物流枢纽。以上枢纽分布在四川 5 座国家物流枢纽承载城市，分别为成都市、遂宁市、攀枝花市、泸州市和达州市。四川省的国家级物流枢纽具体情况介绍如表 5-1 所示。

表 5-1 四川省的国家级物流枢纽情况表

枢纽名称	获批情况	主要功能	目标定位
成都陆港型	2019 年获批	重点发展枢纽场站、国际物流服务、多式联运、分拨配送、供应链集成服务、商贸物流中心、综合服务 7 大功能	打造蓉欧国际铁路物流枢纽，发展陆港型特色枢纽经济
成都空港型	2022 年获批	统筹构建航空干线运输、区域分拨配送、多式联运转运、国际物流服务 4 大基本功能以及冷链物流、跨境电商、快递物流、航材物流、医药物流等 11 大延伸功能	打造引领西部开发开放的国际航空门户枢纽、具有全球影响力的亚蓉欧航空物流枢纽和泛欧泛亚国际供应链资源要素配置中心
遂宁陆港型	2020 年获批	重点建设公铁联运功能区、国际物流服务功能区、城市商贸物流服务功能区、制造业物流服务功能区	建成以西部铁路物流园为重点的枢纽核心区，建成省级大型区域商品分拨配送中心

续表

枢纽名称	获批情况	主要功能	目标定位
达州商贸服务型	2021 年获批	规划建设商贸物流集成、供应链集成、区域分拨配送、干线运输组织、多式联运、国际物流服务、应急物流、枢纽物流公共信息服务平台等 9 大功能设施	建成成渝地区双城经济圈北翼货物集散中心、秦巴地区物流供应链产业创新发展高地、万达开物贸一体化示范基地
泸州港口型	申建中	发展多式联运、保税监管、冷链运输、供应链服务、电商城市配送服务、物流金融服务等功能	打造具有国际竞争力的“公、铁、水、空”国家多式联运物流枢纽，建设成为贯通东中西、辐射南北方、连接泛欧泛亚的西部内陆开放高地，打造长江经济带内河港口枢纽经济示范区
攀枝花生产服务型	申建中	以“金江综合物流组团”为核心承载区,以“格里坪工业物流组团”和“总发快捷物流组团”为功能拓展区，主辅相结合形成“一主两辅十二大功能区”	打造南向开放门户枢纽经济和攀西战略资源创新开发枢纽经济

5.2 物流基地园区（中心）

目前，四川省已规划建设 230 余个物流园区（中心、基地），基本形成了布局合理、规模适量、功能齐全的物流设施网络。其中，大型物流基地主要分布在成都市、自贡市、广元市等地，包括已实现投运的 2 个国家骨干冷链物流基地，分别是西部陆海新通道综合冷链物流成都国际铁路港基地和自贡国家骨干冷链物流基地，同时全国首批规划、首个开工建设的高铁快运物流基地项目广元川陕甘高铁快运物流基地建设正在加快推进。

在物流基地园区（中心）方面，成都市以空港型、陆港型、生产服务型、商贸服务型四大类型为核心建立了“四港六中心”物流枢纽节点空间布局，主要由双流航空物流港、天府航空物流港、青白江铁路物流港、蒲江铁路物流港、新津铁路物流中心、金堂铁路物流中心、龙泉公路物流中心、龙泉产业物流中心、简阳产业物流中心、高铁动货物流中心构成。同时，2022年8月，在成渝地区双城经济圈口岸物流体系合作共建签约仪式上，首批12个成渝地区双城经济圈协同共建重点物流园区名单公布，省内遂宁西部铁路物流园、西南（自贡）国际陆港、达州秦巴物流园区、泸州西南商贸物流园、广安华蓥市物流园区、荣昌川南渝西综合物流园区入选，随着物流园区的建设优化，川渝物流园区将实现高质量协同发展，两地物流产业联动升级将不断加快。

6 其他设施

6.1 口岸及海关特殊监管区域（场所）

在物流口岸方面，截至2022年年底，四川省共开放物流口岸4个，其中航空物流口岸1个，为成都双流国际机场口岸；铁路物流口岸1个，为青白江铁路临时开放口岸；水运物流口岸2个，为宜宾港临时开放口岸和泸州临时开放口岸。另外，天府国际机场口岸于2021年3月获批对外开放，2022年3月，通过对外开放省级验收，于2023年3月正式对外开放。5个口岸具体情况如表6-1所示。当前，四川省和重庆市正在联合加快建设成渝双城口岸物流体系，将协力推进三大口岸物流发展带：依托成渝中线高铁，共同打造成渝特色口岸物流发展带；充分发挥长江黄金水道优势，打造港产城联动的沿江口岸物流发展带；发挥成昆、西成等铁路大通道运力优势，打造便捷高效的成绵乐口岸物流发展带。

表6-1 四川省物流口岸相关情况

口岸类型	名称	主要货物品类
航空物流口岸	双流国际机场口岸	出海国际货物以机电产品、高新技术产品、计算机与通信技术产品、航空航天技术产品及电子技术产品为主；进港货物以机电产品、高新技术产品、电子技术、电子元件、集成电路为主
	天府国际机场口岸	进境肉类、食用水生动物、冰鲜水产品、水果、植物种苗5类特殊商品指定监管场地
铁路物流口岸	青白江铁路临时开放口岸	出口货物主要包括：机器类、化工类、仪器类、贱金属及其制品类、塑料橡胶制品类、鞋帽制品类、杂项及其制品类、石料制品类等；进口货物主要包括：食品类、运输设备类、机器类、贱金属及其制品类、塑料橡胶制品类、纸类、木及木制品类、化工类、石料制品类、仪器类

续表

口岸类型	名称	主要货物品类
水运物流口岸	宜宾港临时开放口岸	进口货物主要为纸浆、木浆、粮食和氧化铁粉，来自东南亚、美洲、欧洲等地；出口货物主要为矿产品、元明粉、化工产品、射钉器械、烟草等，流向东南亚、西亚、美洲等地
	泸州临时开放口岸	进口产品主要为机电产品、化工产品、粮食、汽车零配件、食品等；出口产品主要为智能终端、机电产品、化工产品、轻工产品等

在海关特殊监管区域（场所）方面，目前四川省封关运行保税区共 9 个，相关情况如表 6-2 所示，其中，综合保税区 6 个，分别为成都高新综合保税区、成都高新西园综合保税区、成都国际铁路港综合保税区、泸州综合保税区、宜宾综合保税区和绵阳综合保税区；保税物流中心（B 型）3 个，分别为成都空港保税物流中心（B 型）、天府新区成都片区保税物流中心（B 型）、南充保税物流中心（B 型）。2022 年四川省综合保税区、保税物流中心（B 型）实现进出口总值 5905.5 亿元，占四川省外贸进出口总值的 58.6%，其中成都高新综合保税区进出口总值连续 5 年位居全国综合保税区第 1 位。

表 6-2　四川省海关特殊监管区域（场所）相关情况

名称	产业定位
成都高新综合保税区	确立“芯”“屏”“端”“网”4 大产业主攻方向，形成了以综合保税区为核心的集成电路产业集群。在大力发展电子信息、航空维修等产业的基础上，重点发展保税检测维修、保税研发制造、保税物流、跨境贸易、保税租赁等新兴业态
成都高新西园综合保税区	产业定位集成电路晶圆制造，与高新综合保税区共同形成电子信息产业功能区集成电路产业“双核”互动，聚焦电子信息优势产业，共同做大做强集成电路研发设计、晶圆制造、封装测试以及材料装备产业链，打造完整的 IC 生态圈

续表

名称	产业定位
成都国际铁路港综合保税区	重点发展智能家电、生物健康及食品冷链加工、整车及零配件保税物流、跨境电商、大宗商品贸易等产业。获批路港综保区海关关区代码、海关统计经济区划代码，将合力打造辐射西部、链接全球的现代物流分拨中心、保税加工中心、跨境电子商务中心、转口贸易中心
成都空港保税物流中心（B型）	已入驻敦煌网数字贸易共享中心、邮政孵化基地和中远海空运、博达运通、汇通天下、景汇供应链、跨境通、极美博强等20余家国际贸易、跨境电商、保税供应链、国际货代等贸易服务企业
天府新区成都片区保税物流中心（B型）	建有5栋保税仓库、1栋查验仓库及1栋综合办公大楼，目前，共有在租企业15家，其中，跨境电商企业5家、一般贸易企业9家、平台企业1家，租赁面积共18531.09 m^2，仓租率30.8%
绵阳综合保税区	重点发展以电子信息产业为代表的加工制造、以高新技术和战略新兴产业为代表的研发设计、以跨境电商产业为代表的销售服务3大领域。同时，积极探索综合保税区业务创新模式，推动与中国（绵阳）跨境电子商务综合试验区联动发展
宜宾综合保税区	主要经营业务为加工制造、物流分拨、销售服务、检测维修、研发设计；功能分区包括保税物流、保税加工、保税服务。宜宾综保区进出口货物主要为9大类，涉及印度尼西亚、越南、菲律宾、阿联酋、加拿大，新西兰、德国等国家
泸州综合保税区	充分发挥与自贸试验区、跨境电商综合试验区等国家级开放平台的叠加优势和“水公铁空”综合交通枢纽核心优势，聚焦涉水涉港涉外，大力发展加工制造、物流分拨、保税服务等业态
南充保税物流中心（B型）	它是集海关现场监督、保税仓储、跨境电商三大功能于一体的对外开放综合平台，也是川东北地区唯一的保税物流中心（B型）。积极对接本地企业需求，大力宣传招商，已与中深创科技、顺传集团、嘉美印染等20家企业达成入驻合作意向，并招引四川欧城记、顺传集团、诚即商贸公司成为在保税中心注册的入区企业

6.2 仓　储

四川省仓储资源以普通仓储为主，主要分布在成都区域，以食品、电子产品、医药器材等产品为主。2022 年第 3 季度，成都仓储物流市场迎来两个新项目交付，新增仓储面积约 21.5 万平方米；新项目均有良好预租，合计去化率高达 82.7%；季内仓储需求活跃，净吸纳量约 18.7 万平方米，环比显著增长 7.6 倍，亦高于去年同期 23.8%，净吸纳量居全国第 4 位。2022 全年成都市新增供应量 41.13 万平方米，推升全市总存量达到 547.33 万平方米；全市一手物流用地供应量达到 1774 亩（1 亩 = 666.7 m^2），相比去年有所增加，但总体供应紧缩的趋势仍将继续。在总体新增项目入市和需求减少的双重作用下，空置率呈上升趋势。

运 行 篇

7 整体运行发展

7.1 总体运行态势稳健，发展韧性持续彰显

近年来，四川省物流业运行稳中有进。图 7-1 展示了 2018—2022 年四川省社会物流总额及增长情况，受疫情和宏观经济影响，在 2020 年增速最低。面对疫情等影响因素，四川省坚持全力保畅稳链，具体措施包括：推进建设运营，发挥枢纽干支衔接、区域分拨和配送组织功能，保障干线支线运输通畅；充分利用国家物流枢纽、国家骨干冷链物流基地、示范物流园区等重大物流基础设施，布局应急物资运输中转站，确保极端条件下物资进出通畅；主动破解企业难题，着力创新多式联运的组织模式，拓展国际物流通道网络，维护产业链供应链安全稳定等。在一系列举措有效实施下，四川省物流业发展整体上顶住压力实现了正增长，社会物流总额呈现逐年上升趋势。2022 年四川省社会物流总额达到 106487.7 亿元，说明总体上物流需求保持增长态势，行业规模不断提升，频发疫情、高温干旱、缺电保供、地震灾情等对四川省物流业影响相对有限，行业整体具备较强的发展韧性。

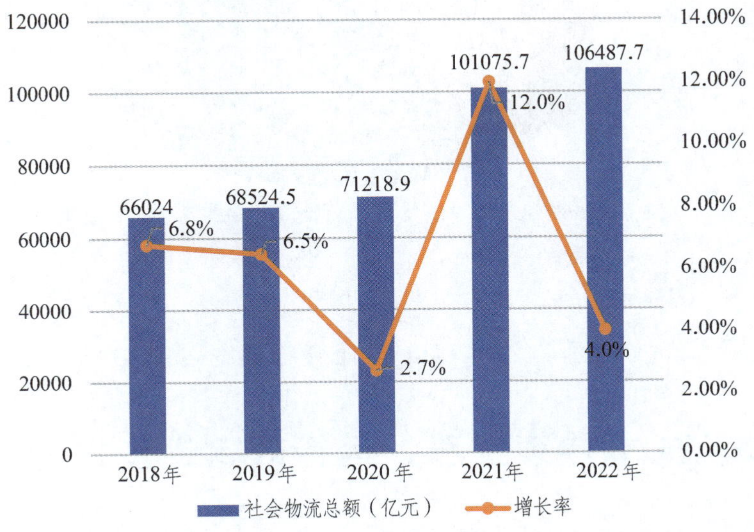

图 7-1 2018—2022 年四川省社会物流总额及增长

从需求结构看，5年来，工业品物流总额增长16634.6亿元，占四川省社会物流总额的比重由65.08%下降为55.97%；进口货物物流总额增长19771.3亿元，占四川省社会物流总额的比重由20.56%上升至31.31%；农产品物流总额增长3294.6亿元，占四川省社会物流总额的比重由9.94%下降至9.26%；单位与居民物品物流总额增长2590.2亿元，占四川省社会物流总额的比重由1.26%提升至3.21%。

2022年的社会物流总额结构如图7-2所示，其中，工业品物流总额59604.2亿元、增长4.7%，占比55.97%。进口货物物流总额33344.0亿元、增长2.3%，占比31.31%。农产品物流总额9859.8亿元、增长4.0%，占比9.26%。再生资源物流总额260.7亿元、增长13.4%。单位与居民物品物流总额3419.0亿元、增长8.3%。总体来说，目前工业物流仍是物流需求增长的主要支撑，进口物流需求拉动力呈现逐步增强态势，农产品、再生资源以及单位与居民物流增势平稳，整体物流需求结构不断优化。

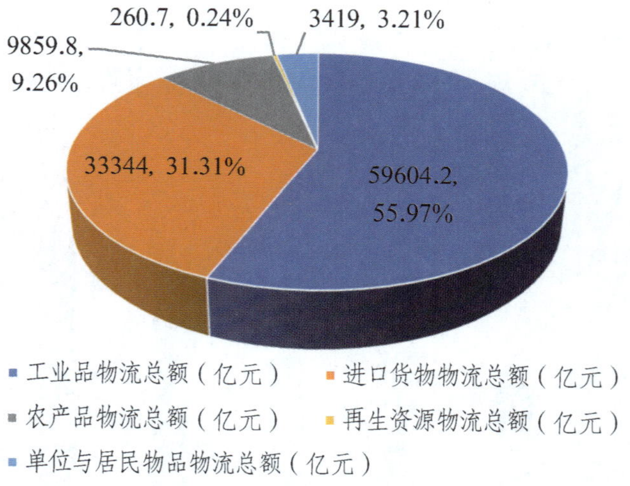

图7-2　2022年社会物流总额构成

7.2　物流成本持续上涨，运行效率逐步提升

2018—2022年四川省社会物流费用及增长情况如图7-3所示，

从图中可以看出，社会物流费用整体呈现逐年攀升态势，5 年年均增长率为 7.6%，而近两年增长率分别为 15.8%和 17.1%，增长率处于高位，且均大于社会物流总额的增长率，说明物流成本明显偏高。

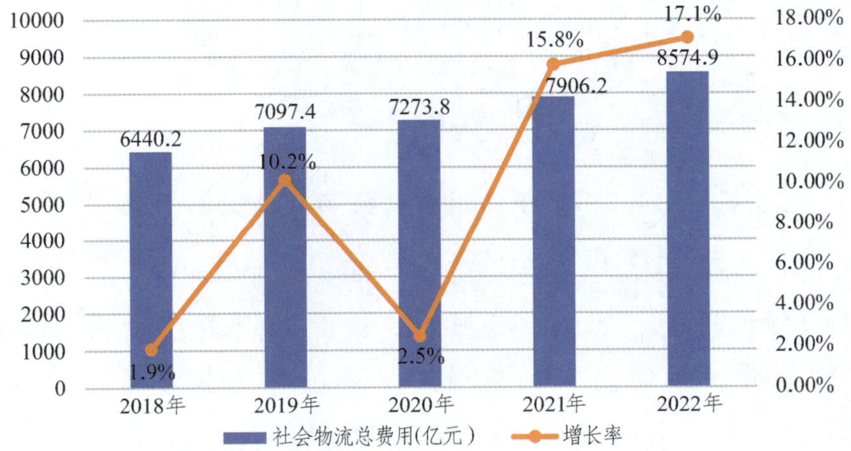

图 7-3 2018—2022 年四川省社会物流费用及增长

从成本构成看，5 年来，运输费用增长 2613.4 亿元，占四川省社会物流总费用的比重由 54.52%提升至 71.42%；保管费用降低 562.5 亿元，占四川省社会物流总费用的比重由 36.38%降低至 20.77%，管理费用增长 83.7 亿元，占四川省社会物流总费用的比重由 9.10%下降至 7.81%。2022 年社会物流总费用构成如图 7-4 所示，四川省社会物流总费用 8574.9 亿元、增长 17.1%，增速比上年高 1.3 个百分点，运输费用 6124.6 亿元、增长 23.8%，占比 71.42%，远大于全国平均水平（53.65%）；保管费用 1780.7 亿元、增长 3.7%，占比 20.77%；管理费用 669.6 亿元、增长 1.7%，占比 7.81%。可以发现，目前四川省物流成本明显偏高，其中运输费用是最大的费用支出，且占比远高于全国平均，而保管费、管理费近年来支出占比不断下降，说明保管和管理“静止”环节费用得到了有效压缩，成本构成总体趋于优化，而油价震荡上行等运输成本因素将给物流成本带来更大影响。

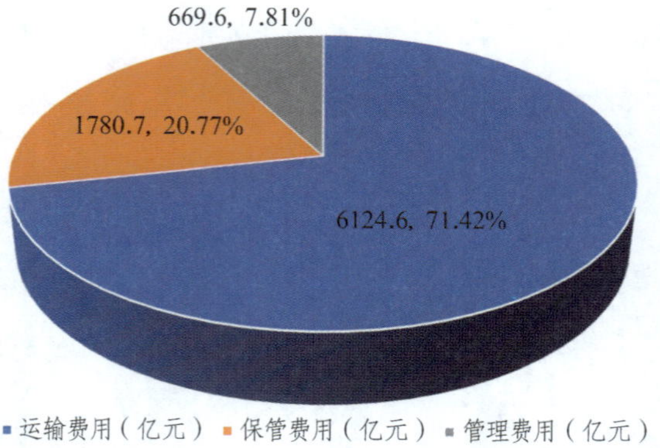

图 7-4　2022 年四川省社会物流总费用构成

从运行情况来看，通过对比 5 年四川省和全国社会物流总费用与 GDP 的变化情况，如图 7-5 所示，虽然四川省社会物流总费用与 GDP 的比例近 5 年均高于全国平均水平，但整体呈现先下降再上升的态势，在 2021 年达到最低，仅 14.70%，与全国平均水平的差距缩小到 0.1 个百分点。2022 年受疫情等多重因素影响又有一定回升，达到 15.10%，高出全国平均水平 0.4 个百分点。总体来说，四川物流业运行效率近年来稳步提升，与全国差距呈现缩小态势，由于频发疫情、高温干旱、缺电保供、地震灾情等因素对运行效率影响较大，出现了阶段性波动，未来物流效率提升仍有较大空间。

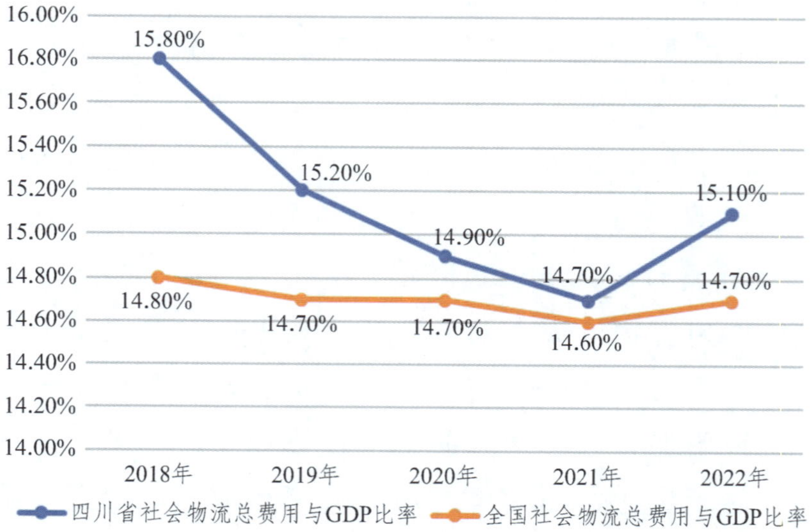

图 7-5　2018—2022 年四川省和全国社会物流总费用与 GDP 比率

7.3 运量恢复势头良好，运输结构不断优化

2018—2022年四川省各运输方式货运量变化情况如图7-6所示，5年期间有所波动，2019年和2020年总货运量有所下降，虽然2021年和2022年开始逐步回升，但还未恢复到疫情前。公路货运量呈现上下波动的状态，2022年的货运量略低于2018年，水运货运量整体呈现下降趋势，仅2022年有一定幅度的反弹，与2018年还有一定的差距。

2018—2022年四川省各运输方式货物周转量变化情况如图7-7所示，四川省货物周转量整体呈现上升趋势，年均增长率2.02%，较全国年均增长率低2.08个百分点；公路货物周转量呈现先下降后上升的趋势，2022年略高于2018年；铁路货物周转量呈现逐年上升的趋势，年增长率5.87%，比全国铁路货物周转量年均增长率低1.55个百分点；水路货物周转量呈现上下波动的趋势，2022年略高于2018年；航空货物周转量仅2022年呈现下降趋势，年均增长率为2.01%，比全国航空货物周转量年均增长率高0.94个百分点。

总体来说，虽然近年来疫情对行业运量规模造成了一定影响，但随着疫情常态化发展，运量恢复势头良好，其中铁路货运发展态势最为稳定，未来四川省运量将有望继续大幅提升。

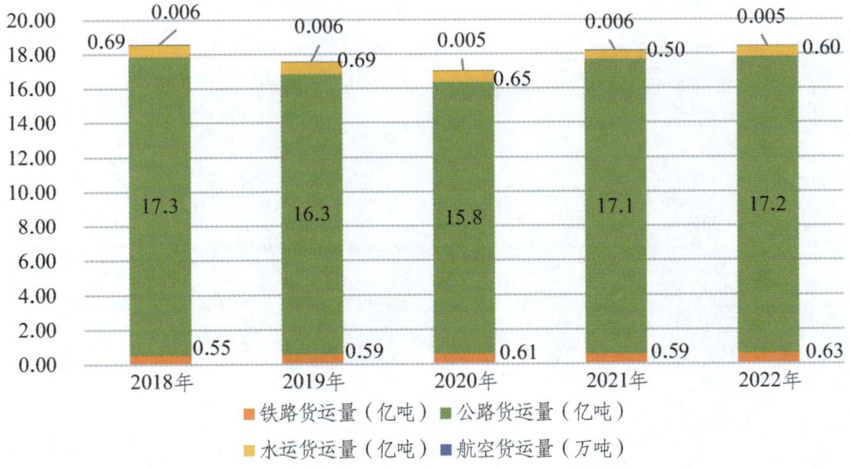

图7-6 2018—2022年四川省各运输方式货运量图

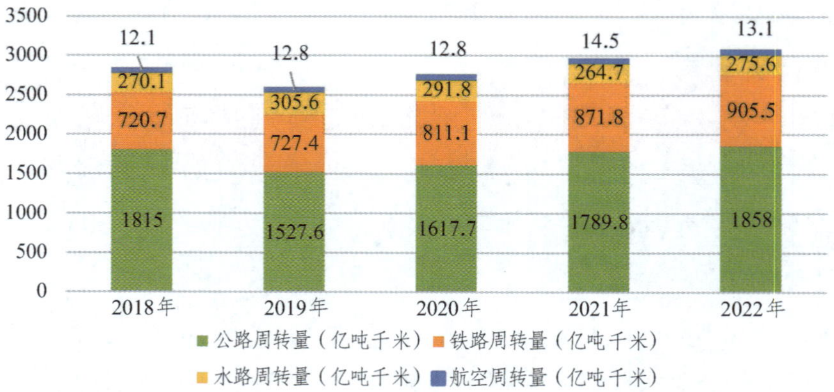

图 7-7　2018—2022 年四川省各运输方式货物周转量

如图 7-8 和图 7-9 所示，从运输结构来看，四川省的公路运输在货运量中占绝对优势，占比均在 92%以上，较全国公路运输量占比高 17 个百分点左右；铁路货运量占比呈现上下波动趋势，较全国铁路货运量占比低 5 个百分点以上；水路货运量占比整体呈现下降趋势，较全国水路货运量占比低 12 个百分点左右。

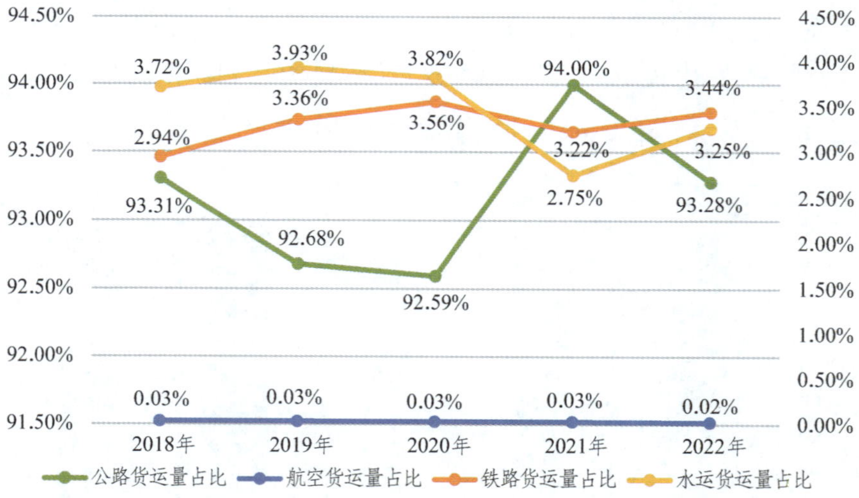

图 7-8　2018—2022 年四川省各运输方式货运量占比

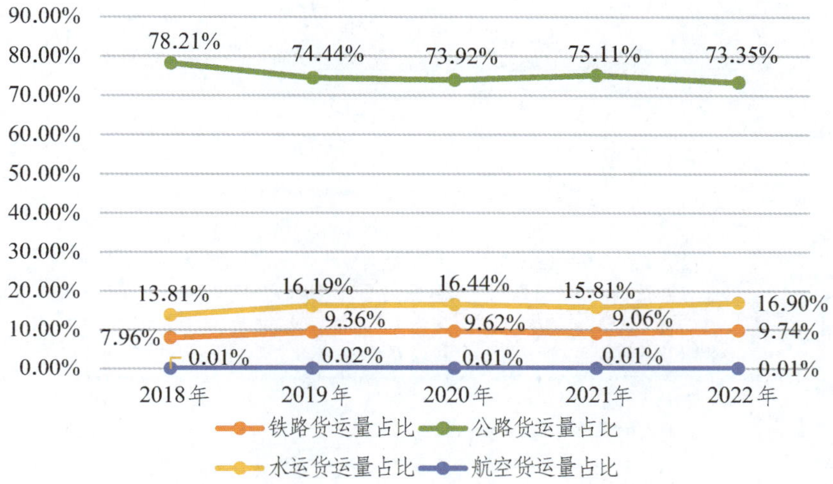

图 7-9　2018—2022 年全国各运输方式货运量占比

如图 7-10 和图 7-11 所示，四川省的公路货物周转量占比最大，在 60%左右，较全国公路货物周转量占比高 28 个百分点左右；铁路货物周转量占比第 2，基本呈现逐年上升趋势，在 2020 年占比最高，达到 29.6%，较全国铁路货物周转量占比高 12 个百分点左右；水路货物周转量占比呈现先增后降趋势，基本在 10%左右，较全国水路货物周转量占比低 40%以上；航空货物周转量占比和波动都较小，均低于 0.5%。

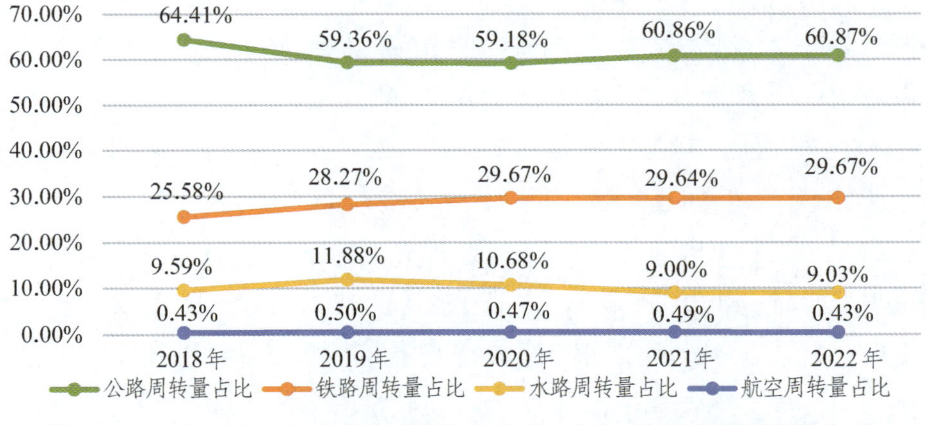

图 7-10　2018—2022 年四川省各运输方式货物周转量占比

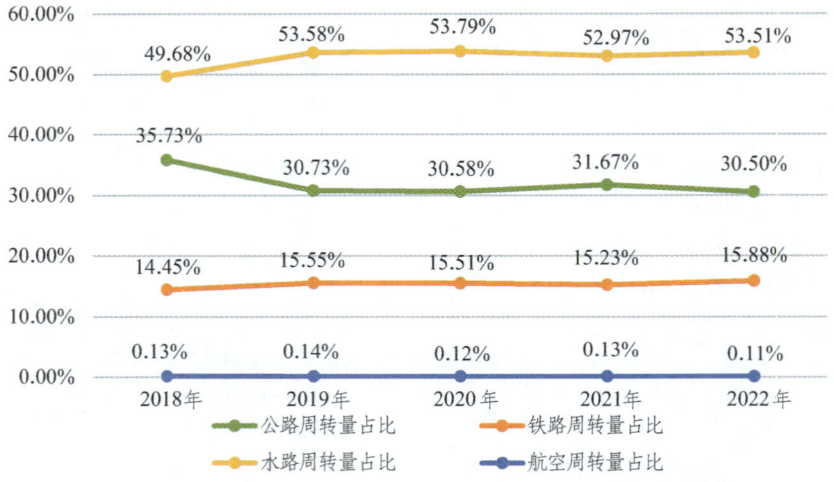

图 7-11　2018—2022 年全国各运输方式货物周转量占比

总体来说，近年来四川省“公转铁”的成效较为明显，铁路的货运量和货物周转量占比均在不断提升，运输结构正在逐步优化，但是“公转水”的成效并不显著，还需通过大力发展海铁联运、公铁联运、铁水联运等模式，提升水运和铁路货物周转量占比，不断优化运输结构。

7.4　优质企业逐步增长，市场格局更为合理

当前，四川省已基本形成了以 5A 级企业为龙头、规模以上企业为骨干、中小企业为支撑的梯度发展格局。截至 2022 年年底，根据全国第 34 批 A 级物流企业名单，四川省 A 级物流企业保有量为 296 家，占全国 A 级物流企业保有量的 3.4%。其中，5A 级企业 9 家，4A 级企业 75 家，3A 级企业 153 家，2A 级企业 58 家，1A 级企业 1 家，其比例分布如图 7-12 所示。

在 21 个地市（州）分布上，成都市有 135 家 A 级企业（全省占比 45.6%），达州市 25 家（全省占比 8.4%），宜宾市 23 家（全省占比 7.8%），泸州市 22 家（全省占比 7.4%），绵阳市 16 家（全省占比 5.4%），雅安市、凉山州、自贡市各 11 家，乐山市 7 家，遂宁市 6 家，南充市、德阳市各 5 家，攀枝花市、内江市、广安市各 4 家，资阳市 3 家，广元市 2 家，眉山市、甘孜州各 1 家，具体情况如表 7-1 所示。

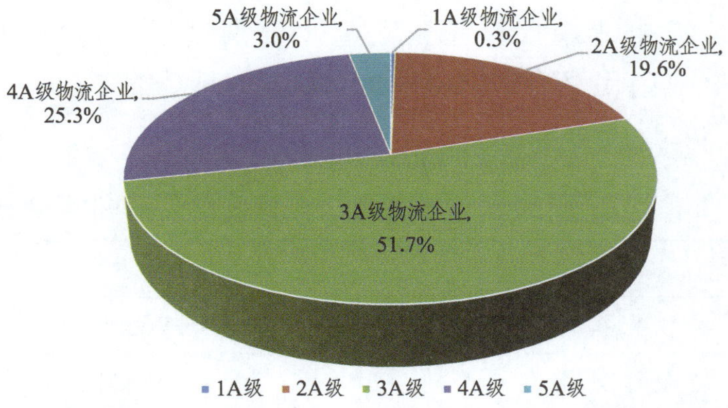

图 7-12 2022 年四川省 A 级物流企业保有量比例分布

表 7-1 四川省 A 级物流企业保有量分布情况

地市（州）	数量	3A 级及以上	2022 年下半年新增
成都市	135	130	7
达州市	25	25	9
宜宾市	23	10	3
泸州市	22	16	3
绵阳市	16	9	1
雅安市	11	6	0
凉山州	11	5	0
自贡市	11	2	0
乐山市	7	7	0
遂宁市	6	4	0
南充市	5	5	1
德阳市	5	4	0
攀枝花市	4	4	0
内江市	4	4	0
广安市	4	0	0
资阳市	3	2	0
广元市	2	2	0
眉山市	1	1	0
甘孜州	1	0	0

注：A 级物流企业评估是依据《物流企业分类与评估指标》国家标准，针对企业经营状况、资产情况、设备设施、管理及服务、人员素质、信息化水平 6 个方面，16～18 个指标及项目，按照规范、标准的流程进行的物流企业综合评估认证。A 级物流企业共分为 5 个等级：1A 到 5A，5A 级为最高级。

四川省A级企业中，各有3家企业分别进入2022年度中国物流企业50强和中国民营物流企业50强，其具体情况如表7-2和7-3所示。

表7-2　2022年中国物流企业50强名单（四川省企业）

公司名称	物流业务收入/万元	排名
准时达国际供应链管理有限公司	1765354	20
四川安吉物流集团有限公司	1008381	36
四川省港航投资集团有限责任公司	677653	48

表7-3　2022年中国民营物流企业50强名单（四川省企业）

公司名称	物流业务收入/万元	排名
准时达国际供应链管理有限公司	1765354	9
四川通宇物流有限公司	283006	39
道臣物流集团有限公司	151823	50

近年来，四川省也在持续推进道路普通货物运输无车承运人试点工作，在四川省物流企业中涌现了一批无车承运平台公司，包括成都市运总多式联运物流供应链有限公司、东亨信息科技股份有限公司、四川物软网联科技有限公司等，市场主体更加多元。

总体来说，四川省物流行业市场主体不断壮大，越来越多的优质物流企业进入了A级物流企业行列，龙头企业影响力持续提升，说明企业的发展环境、市场占有率、服务功能和服务水平得到了改善和提高，为物流业的蓬勃发展提供了良好支撑。

8 运输方式发展

8.1 铁路物流运输情况

8.1.1 货运量与货物周转量分析

根据中国铁路成都局集团有限公司提供的数据，2018—2022 年四川省铁路货运量总额达 29621.1 万吨。2018—2022 年铁路货运量及增长情况如图 8-1 所示，从总体来看，近 5 年四川省铁路货运量发展趋势总体向好，除 2021 年有小幅下降外，其他年份均呈现正增长，尤其是 2019 年四川省人民政府发布《四川省推进运输结构调整三年行动计划实施方案》，明确提出要推进大宗货物运输“公转铁、公转水”后，铁路货运量出现较大幅度增长，随后也保持整体增长的态势。

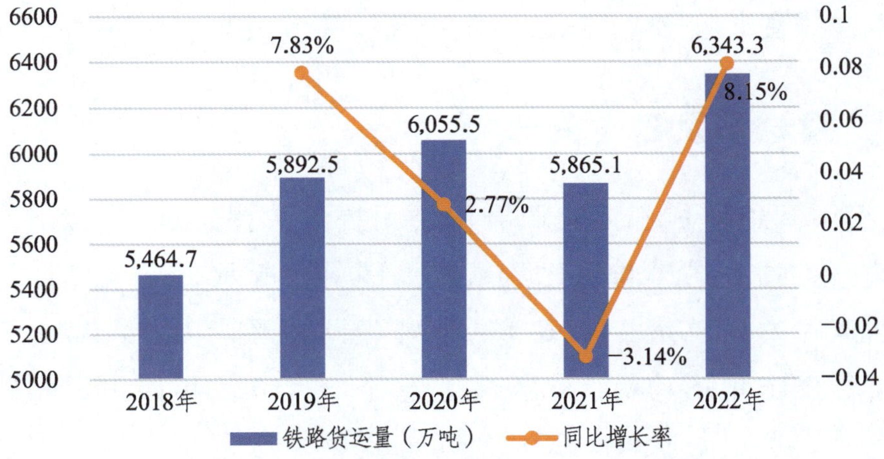

图 8-1 2018—2022 年四川省铁路货运量及增长

根据《四川省国民经济和社会发展统计公报》中的铁路货物周转量数据，近 5 年总额达 4036.5 亿吨千米。2018—2022 年铁路货物周转量及增长情况如图 8-2 所示。从图中可以看出，虽然增长率有所波动，但整体均为正增长，货物周转量呈现逐年递增态势，总体发展趋势稳定。

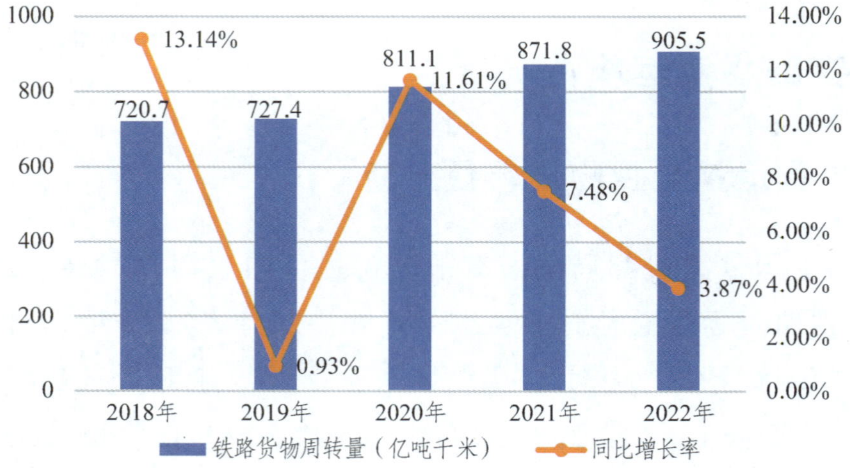

图 8-2　2018—2022 年四川省铁路货物周转量及增长

总体来说，四川省铁路货运发展呈现稳定增长趋势，在四川省大力深化交通运输供给侧结构性改革的背景下，“公转铁”进程不断加快，多式联运发展势头良好，可以预见未来铁路运输将在物流发展中占据更加重要的地位。

8.1.2　发送量及到达量分析

根据中国铁路成都局集团有限公司提供数据，2018—2022 年四川省铁路货物到达量与发送量情况如图 8-3 所示，近 5 年四川省铁路货物运输发送总量为 29621.1 万吨，到达总量为 74104.5 万吨，到达量和发送量不均衡。从增长趋势看，仅 2021 年四川省铁路货物发送量呈现负增长状态，其他年份的货物发送量及 5 年的到达量均呈现上升状态，说明四川省“公转铁”相关政策措施取得了一定的成效，铁路运输充分发挥了干线运输的优势。

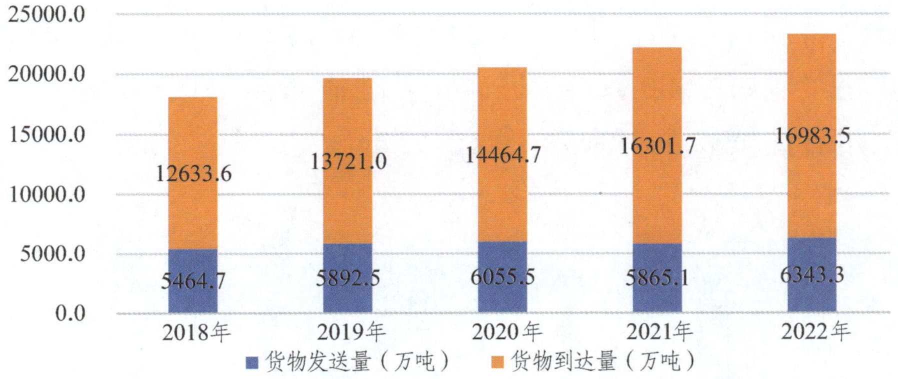

图 8-3　2018—2022 年四川省铁路货物到达量与发送量

2018—2022 年四川省铁路货物发送量情况如图 8-4 所示，近 5 年的省内发送总量为 119780.0 万吨，省际发送总量为 17641.3 万吨，每年的省内发送量均大于省际发送量，省内发送量增长速度大于省际发送量，省内发送量的占比呈上升趋势。2022 年四川省发送量排名前五的省市自治区是云南省、重庆市、广西壮族自治区、贵州省、新疆维吾尔自治区，其中发到云南省和重庆市的发送量均超过 500 万吨，远高于其他省市自治区，说明四川省通过铁路运输输出的货物主要集中在西部省份。

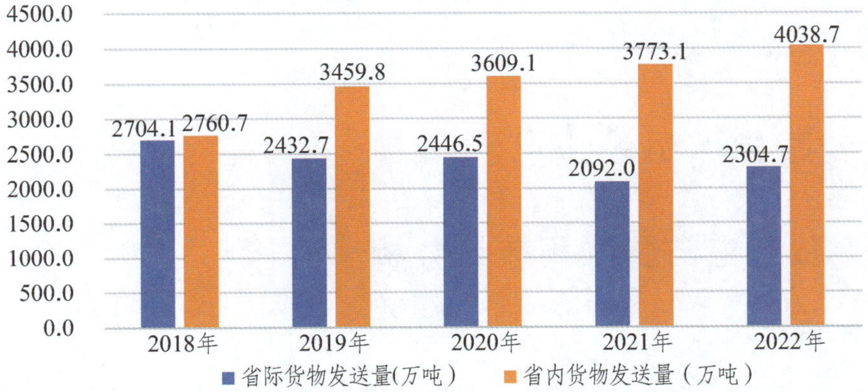

图 8-4　2018—2022 年四川省铁路货物发送量

2018—2022 年四川省铁路货物到达量情况如图 8-5 所示，近 5 年省内到达量为 17910.6 万吨，省际到达总量为 56194.0 万吨，每年的省际到达量约是省内到达量的 3 倍。2022 年其他省市自治区发往四川省的到达量排名前五的省市自治区是陕西省、贵州省、山西省、重庆市和新疆维吾尔自治区，其中陕西省通过铁路运输到四川省的货运量超过 2500 万吨，远高于其他省市自治区，通过铁路运输到达四川省的货物主要来自于西部省份。

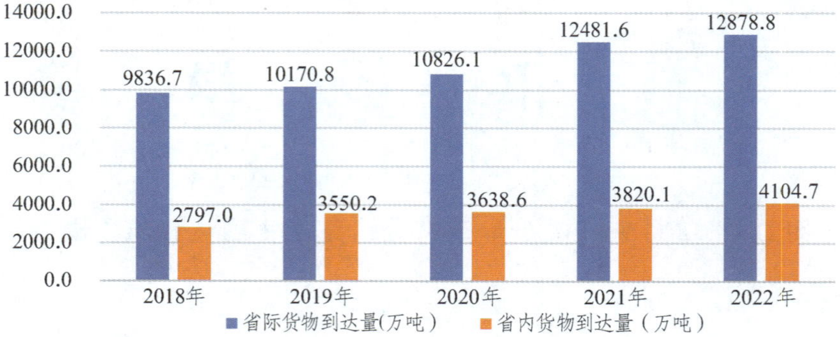

图 8-5　2018—2022 年四川省铁路货物到达量

注：因四川省内有少量不属于中国铁路成都局集团有限公司的车站，故省内发送量和到达量略有差别。

总体来说，在四川省货物流向中，省际间货物到发量远多于省内，说明四川省与其他省市间经济联系日益密切、交互联系程度不断加深，省际到达量增势明显，发送量则有所下降，且低于省内发送量，外省对省内的物资需求程度有待提升，到达量和发送量基本保持正增长，发展态势良好。

8.2　公路物流运输情况

8.2.1　货运量与货物周转量分析

1. 总体情况

2018—2022 年四川省公路货运量与货物周转量变化趋势如图 8-6 所示，近 5 年来，四川省公路货运量和货物周转量呈现先下降后回暖的走势。受全球经济放缓等因素影响，2019 年四川省公路货运量和货物周转量出现大幅下滑。受疫情暴发影响，2020 年四川省公路货运量进一步下降。随着经济复苏和新情形势好转，四川省货运量和货物周转量探底后出现回暖，现已基本恢复至 2018 年水平。

2022 年，四川省公路运输完成货运量 172329 万吨，同比增长 0.6%，占全国公路货物运输总量的 4.6%，居全国第 8 位，西部地区第 1 位；完成货物周转量 1857.99 亿吨千米，同比增长 3.8%，占全国公路货物周转量的 2.7%，居全国第 15 位，西部地区略低于陕西省，居第 2 位。四川省公路货运量和货物周转量是 2022 年全国为数不多实现同比正增长的省份之一，延续了回暖趋势。

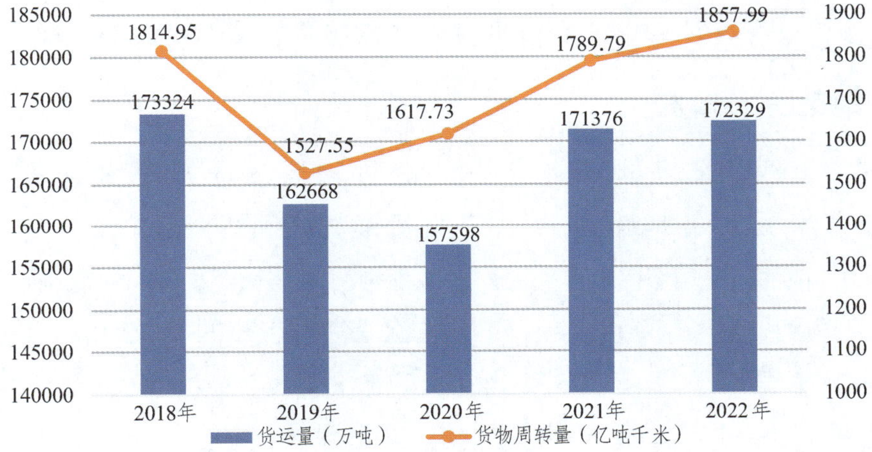

图 8-6　2018—2022 年四川省公路货运量与货物周转量

2. **月度分布情况**

2022 年 1～12 月四川省公路货物运输量变化趋势如图 8-7 所示，从月度分布情况来看，全年货运量总体较为稳定。1～2 月，四川省公路货运量处于较低水平，因受春节影响，2 月降到年内最低点；3～7 月，四川省公路货运量稳定在高位运行，因春节过后货运需求的集中爆发，3 月达到全年最高点；8～9 月，因高温限电及新冠疫情散点复发等因素影响，四川省公路货运量存在一定的下滑，在 9 月份降至全年次低点；10～12 月，四川省公路货运量持续回升，12 月回升到全年较高水平。

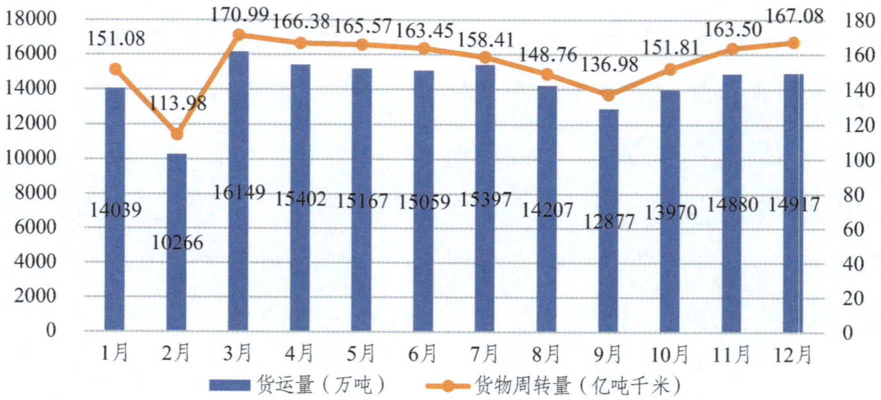

图 8-7　2022 年四川省公路货物运输量月度分布

3. 地区分布情况

2022 年四川省各地市（州）公路货物运输量如图 8-8 所示，从地区分布来看，各地市（州）公路货运量差距明显。成都市完成公路货运量最高，是四川省唯一全年公路货运量超过 3 亿吨的地市（州），达到 35047 万吨，占四川省公路货运量的 20.34%。南充市、凉山州、宜宾市、攀枝花市、乐山市依次排名 2～6 位，全年完成公路货运量均超过了 1 亿吨。但也有 7 个地市（州）全年完成公路货运量在 5000 万吨以下，分别为自贡市、广元市、遂宁市、广安市、阿坝州、资阳市、甘孜州，其中，甘孜州和资阳市全年完成公路货

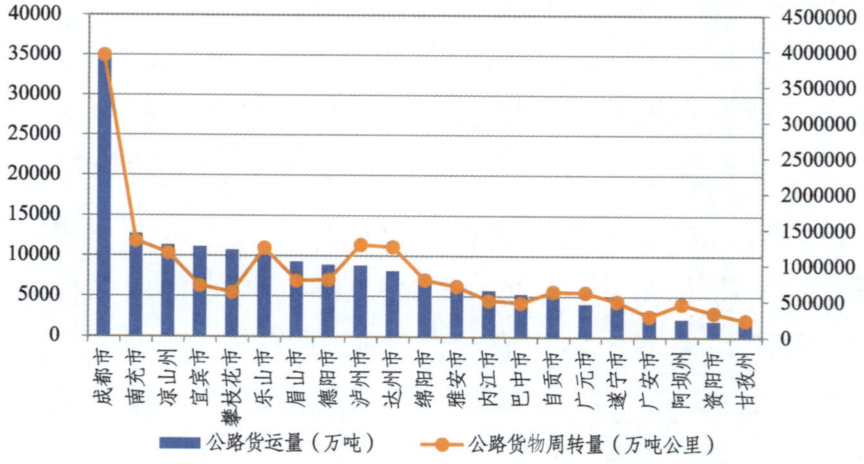

图 8-8　2022 年四川省各市（州）公路货物运输量

运量不足 2000 万吨，为四川省公路货运量最低的两个地市（州）。另外，泸州市、达州市、自贡市、广元市、阿坝州等地市（州）全年完成公路货物周转量比公路货运量排名要高，说明这些地区公路运输的平均运距相对较大。

8.2.2 货物平均运距分析

2022 年，四川省公路货物运输的平均运距为 108 km，同比增长 3.2%，居西南五省（市、自治区）第 1 位，仅为全国公路货物运输平均运距（186 km）的 58%，差距较为明显。2018—2022 年四川省和全国公路货物平均运距变化趋势如图 8-9 所示。近 5 年，四川省公路货物运输的平均运距基本稳定在 100～110 km 区间，为全国平均运距的 55%～60%。

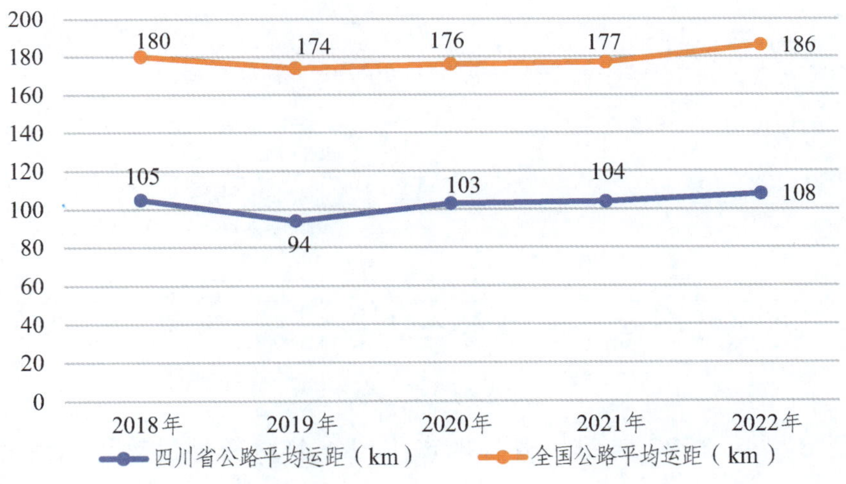

图 8-9 2018—2022 年四川省和全国公路货物平均运距

由图 8-9 可知，四川省公路货物运输仍以中短途货物运输为主，长途货物运输量占比较低。主要原因是四川省的经济以内循环为主，与沿海地区两头在外、大进大出的模式不同，生产消费主要集中在川渝地区。从货物运输的空间分布看，四川省公路货运量主要集中在省内，跨省运输中近一半的公路货运量分布在川渝之间。党的十八大以来，四川省加快构建现代产业体系（“5+1”现代工业体系、“4+6”现代服务业体系、“10+3”现代农业体系），第三产业增加值占 GDP 比重逐年提高，高端制造业在第二产业中的占比也不断增加，相应的短距离、高频次、高附加值的产品运输需求不断增强，公路运输较好地适应了小批量、高频次的货物流通需求。

2022 年四川省各地市（州）公路货物运输平均运距如图 8-10 所示，从地区分布来看，阿坝州、资阳市、达州市、广元市公路货运平均运距依次为四川省前 4 位，均超过 150 km，其中，阿坝州公路货运平均运距最大，达到 209 km，这与当地幅员辽阔同时铁路运输等其他运输方式发展落后相关联。攀枝花市、宜宾市、眉山市公路货运平均运距为全省后 3 位，其中，攀枝花市公路货运平均运距最小，只有 57 km，说明当地公路运输主要为短途转运。

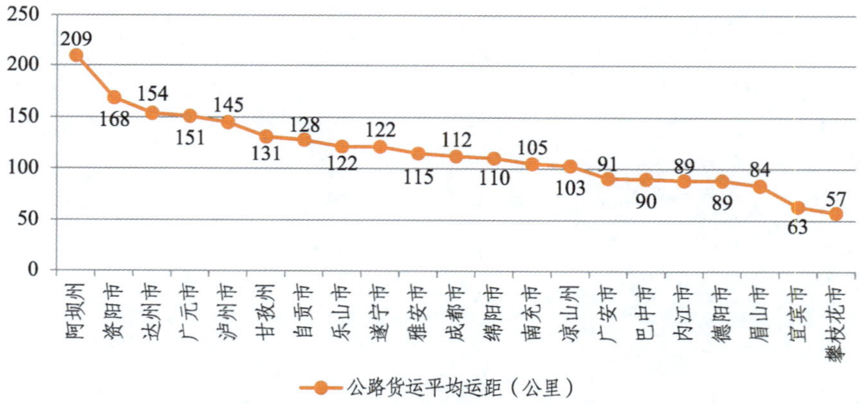

图 8-10　2022 年四川省各地市（州）公路货物运输平均运距

8.2.3　运输装备分析

1. 总体情况

截至 2022 年年底，四川省注册在营的货运车辆（不包括 4.5 t 以下小型货车）共 46.21 万辆，总吨位为 643.28 万吨，车辆平均吨位约 13.92 t。2018—2022 年四川省公路货运车辆及吨位数变化情况如图 8-11 所示。近 5 年来，四川省货运车辆数总体呈下降趋势，由 57.61 万辆减少到 46.21 万辆，下降 19.79%。与此同时，货运车辆总吨位却从 444.10 万吨逐年递增到 643.28 万吨，增长 44.85%。与之相对应，车辆平均吨位由 7.71 t 增长至 13.92 t，增长 80.54%，表明四川省在公路货运服务降本增效行动推动下，四川省货运车辆正在持续向重型化方向发展，公路货运集约化效率不断得到提高。

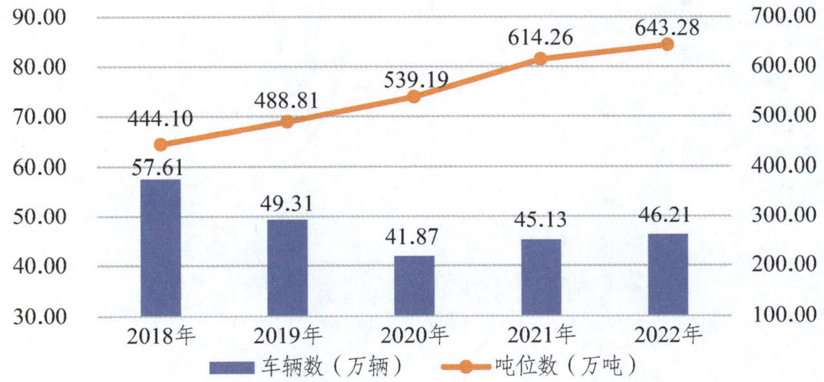

图 8-11 2018—2022 年四川省公路货运车辆及吨位数

2. 地区分布情况

2022 年四川省各地市(州)注册在营货运车辆数如图 8-12 所示，各地市（州）在营货运车辆数量差距明显，基本与各地市（州）全年完成货运量相一致。其中，成都市、南充市、乐山市的注册在营货运车辆数量和吨位数排名前 3，货运车辆数分别约占四川省总量的 33.86%、6.99%、6.77%，合计达到四川省总车辆数的 47.62%，甘孜州、资阳市、巴中市的注册在营货运车辆数量和吨位数排名则为后 3 位，货运车辆数分别约占四川省总量的 0.82%、1.19%、1.36%，合计仅占四川省总车辆数的 3.37%。

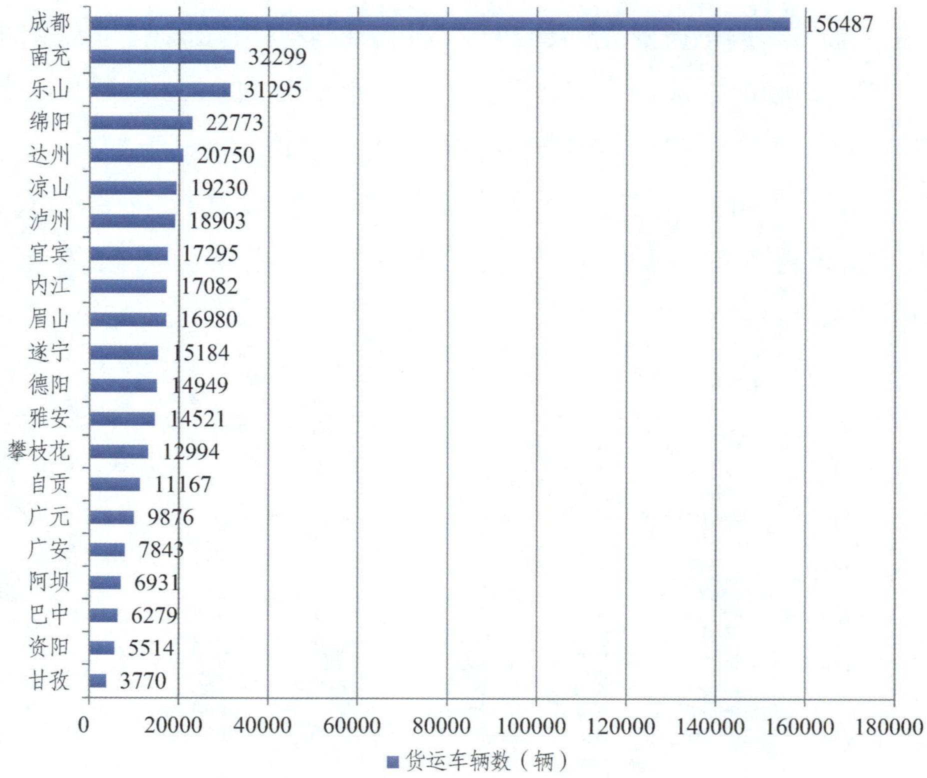

图 8-12　2022 年四川省各地市（州）注册在营货运车辆数

3. 车辆结构情况

截至 2022 年年底，在四川省 46.21 万辆注册在营的货运车辆中，货车 27.29 万辆、牵引车 9.32 万辆、挂车 9.60 万辆。货车及挂车共计 36.89 万辆，其中，大型车辆 34.7 万辆，含重型车辆 31 万辆，中小型车辆 2.19 万辆。2018—2022 年四川省大型、重型货运车辆数如图 8-13 所示。近 5 年，在四川省货运车辆总量减少的情况下，大型车辆和重型车辆呈现逐年递增的趋势，大型车辆占比由 42.19%增加至 75.11%，重型车辆占比由 34.55%增加至 67.10%，表明四川省在推进中置轴汽车列车、厢式半挂车等专业化运输装备相关工作中，四川省道路货运运力供给结构得到不断优化，公路货物运输大型化、重型化趋势愈发明显。

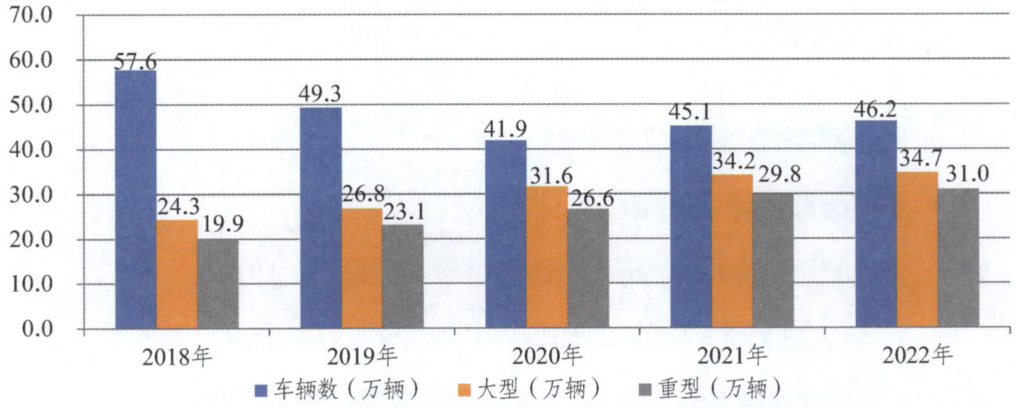

图 8-13　2018—2022 年四川省大型、重型货运车辆数

4. 牵引车与挂车配比情况

截至 2022 年年底，四川省注册在营的牵引车辆共 9.32 万辆，挂车 9.60 万辆。2018—2022 年四川省公路货运牵引车、挂车数量及吨位如图 8-14 所示。近 5 年，在四川省货运车辆总量减少的情况下，公路货运牵引车和挂车数量快速增长，牵引车在四川省货运车辆中的数量占比由 8.11%增加至 20.17%，说明四川省公路货运拖挂运输发展迅猛，公路货运组织形式不断优化。

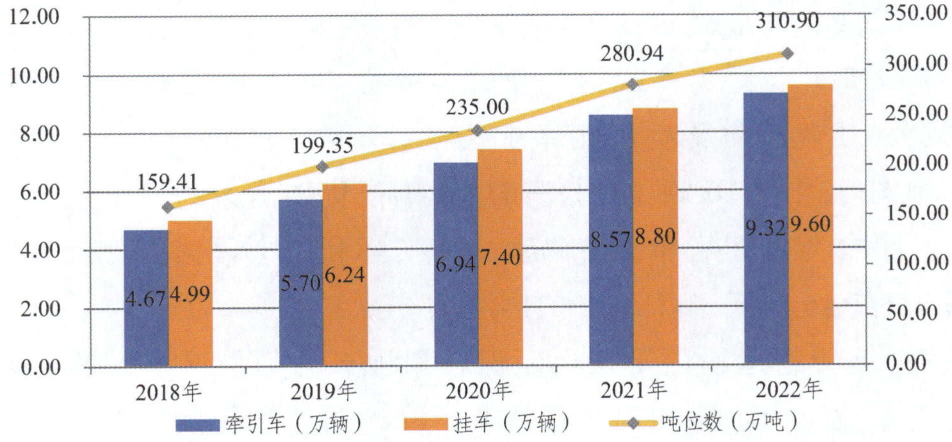

图 8-14　2018—2022 年四川省公路货运牵引车、挂车数量及吨位

2018—2022 年四川省公路货运牵引车、挂车配比如图 8-15 所示，

2022 年牵引车与挂车配比约为 1∶1.03，公路货运甩挂运输仍有较大发展空间和潜力。

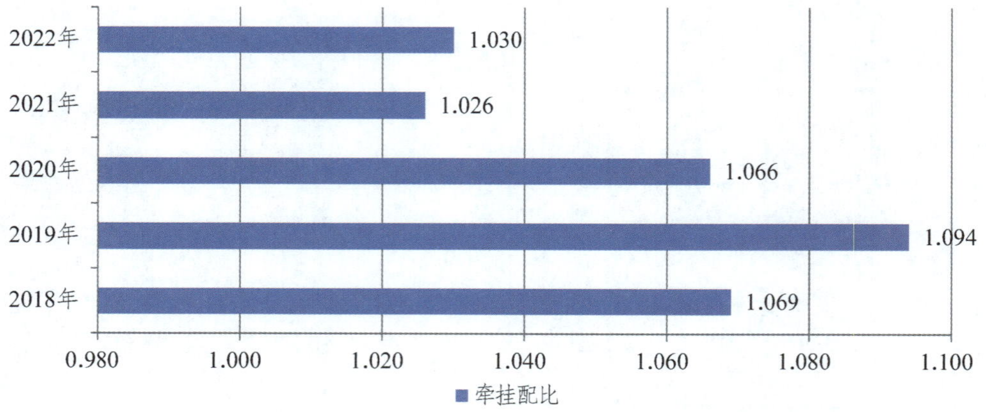

图 8-15　2018—2022 年四川省公路货运牵引车、挂车配比

8.2.4　运输能力利用率分析

2018—2022 年四川省公路货运单位运力日均周转量变化趋势如图 8-16 所示，近 5 年来，四川省公路货运单位运力的日均周转量从 2019 年开始持续下降，每吨位货物运力日均周转量从 2018 年的 111.97 吨千米降至 2021 年的 79.83 吨千米。2022 年，四川省公路货物运输完成货物周转量 1858 亿吨千米，货运车辆总吨位 643.28 万吨，平均每吨位运力完成的货物周转量约 79.13 吨千米/日，说明四川省公路货物运输能力利用率在持续 3 年的下降后已出现平稳趋势。但与全国平均水平相比，四川省单位货物运力利用率仍有一定差距，2022 年四川省单位货物运力的实际利用率数据约为全国平均水平（111.35 吨千米/日）的 71%。

在公路货物运输的平均运距保持稳中有升的情况下，四川省公路货运单位运力的日均周转量持续下降，并处于较低水平，表明四川省公路货运车辆日均发车趟次相对较少或车辆吨位利用率较低，整体反映出四川省公路货物运输组织效率偏低。

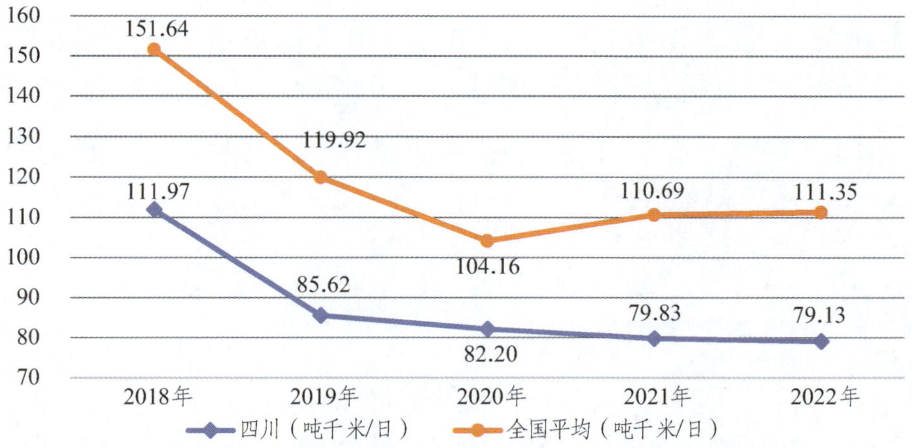

图 8-16 2018—2022 年四川省公路货运单位运力日均周转量

8.2.5 市场主体分析

1. 货运业户情况

2018—2022 年四川省公路货运业户数量如图 8-17 所示，近 5 年来，四川省道路货运业户经历了一个快速出清的过程，货运业户数量从 2018 年的 24.15 万家快速下降至 2021 年的 9.51 万家，2022 年回升到 9.79 万家；其中，个体业户数量从 2018 年的 22.77 万户减少至 2021 年的 7.56 万户，2022 年回升到 7.98 万户。2018—2022 年四川省公路货运业户规模如图 8-18 所示，平均业户车辆数由 2.39 辆/户增长至 4.60 辆/户，50 辆车以上业户数由 1347 户增长至 1767 户，增长 31.18%。说明四川省公路货运行业向规模化、集约化方向发展，大量个体/经营规模较小的货运业户正在退出市场。同时也反映出公路货运企业经营面临挑战，四川省公路货运行业已由混乱且暴利的红海时期，转入经营者必须通过改善管理效率与质量来提高经济效益的阶段。

截至 2022 年年底，四川省注册在营的道路货运业户共 97912 家。其中，许可从事普通货物运输的业户 93965 家，许可从事专用运输的业户 4872 家，包括许可从事集装箱运输的业户 744 家，许可从事大件运输的业户 573 家，许可从事危险货物运输的业户 492 家，许可从事国际公路货物运输的业户2家。其中，规模以上企业412家，车吨位平均年产量为2853.4吨千米，规模以下企业车吨位平均年产量为2615.4吨千米，应进一步采取激励措施加强规模以上企业的培育工作。

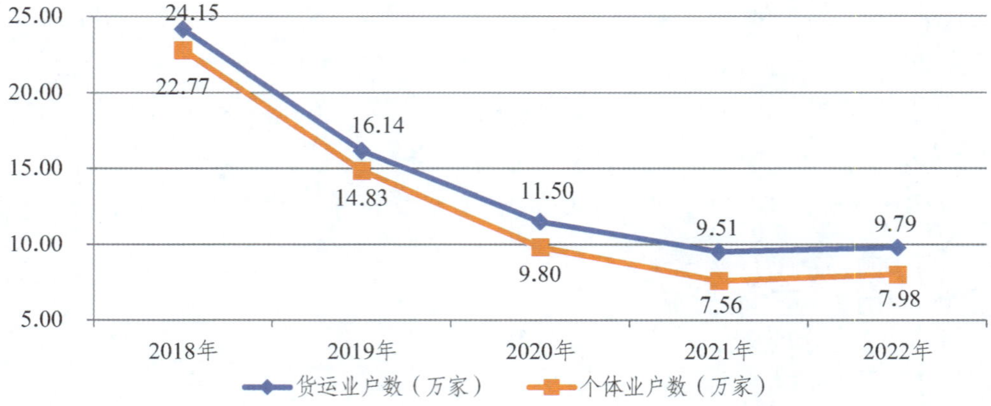

图8-17 2018—2022年四川省公路货运业户数量

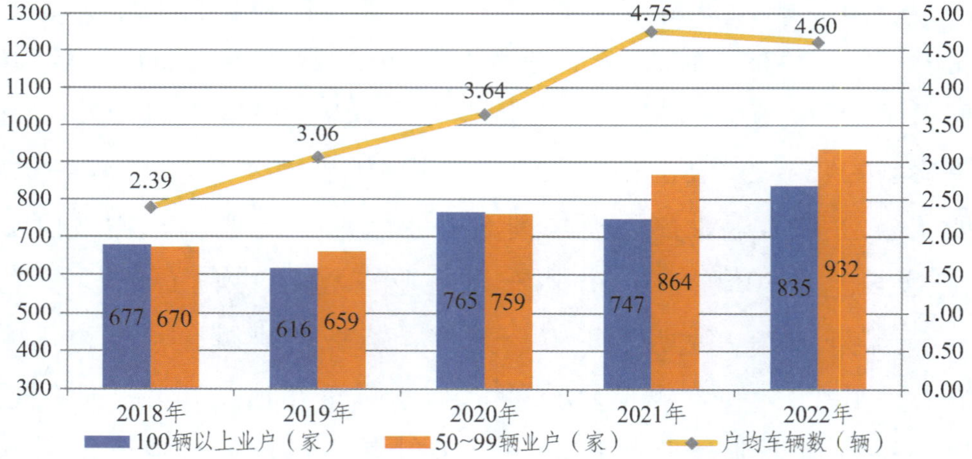

图8-18 2018—2022年四川省公路货运业户规模

从各地市（州）分布情况来看，成都市和凉山州位居前2，均超过1万户，分别为30565户和13363户。经营业户数与地区经济水平及行业管理情况等多因素相关，而结合各地区注册在营货运车辆数量情况来看，每业户平均车辆数更能体现该地区公路货运规模化、集约化水平。2022年四川省各地市（州）公路货运业户平均车辆数情况如图 8-19 所示，每业户平均车辆数超过 10 辆的有 5 个地市（州），其中，泸州市、南充市、资阳市位居前 3，说明这些地区公路货运基本为公司化经营；每业户平均车辆数低于 2 辆的有 4 个地市（州），其中凉山州、广元市、甘孜州位居后 3 位，说明这些地区公路货运个体户经营较为突出。

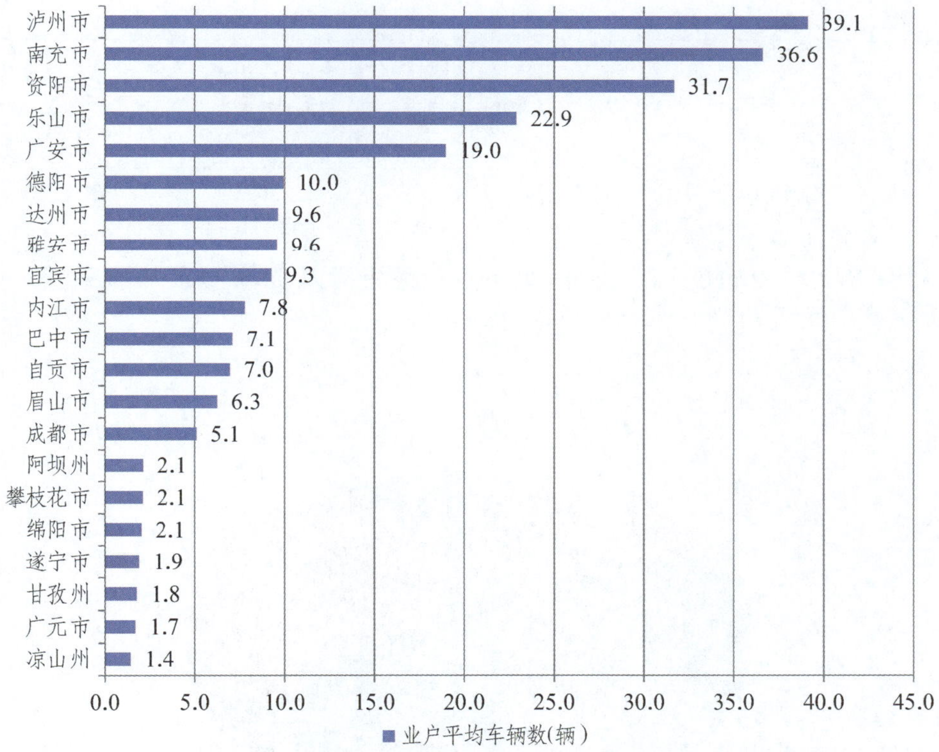

图 8-19 2022 年四川省各地市（州）公路货运业户平均车辆数

2. 从业人员情况

2018—2022 年四川省公路货运从业人员及车辆数量如图 8-20 所示，近 5 年来，四川省公路货运从业人员由 75.89 万减少至 64.79 万，下降 14.63%，与同期的货运车辆总数降幅接近。2022 年四川省公路货运从业人员年龄结构如图 8-21 所示，货运从业人员中，40 岁以上占比为 60.05%，30 岁以下占比仅为 8.41%。公路货运行业从业人员呈现青黄不接、老龄化趋势，随着高龄从业人员的退休，未来可能出现人员缺口风险。究其原因，主要是因为年轻人认为公路货运工作劳累，付出与收入不对等，从而不愿意从事公路货运工作。

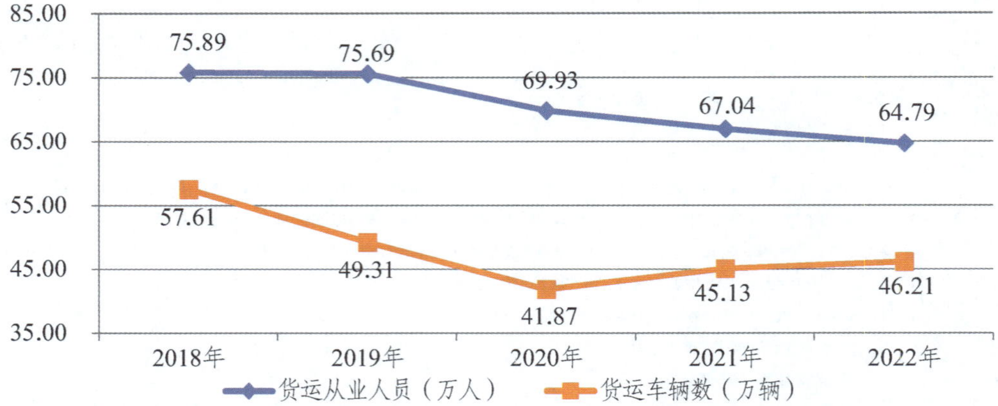

图 8-20　2018—2022 年四川省公路货运从业人员及车辆数量

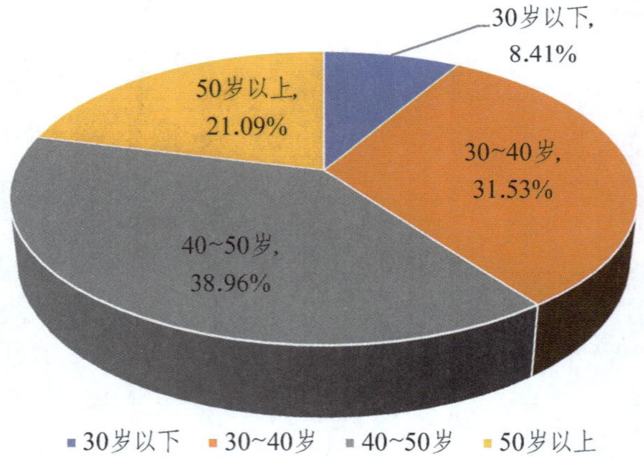

图 8-21　2022 年四川省公路货运从业人员年龄结构

截至 2022 年年底，四川省有效登记注册的道路货运从业人员共 647910 人，其中，驾驶员 600553 人，危险货物运输驾驶员 23993 人、押运员 19768 人，装卸管理员 1639 人，国际公路货物运输 105 人。2022 年四川省各地市（州）有效登记注册的道路货运从业人员数量如图 8-22 所示，与各地区注册在营货运车辆数量分布情况基本相符。

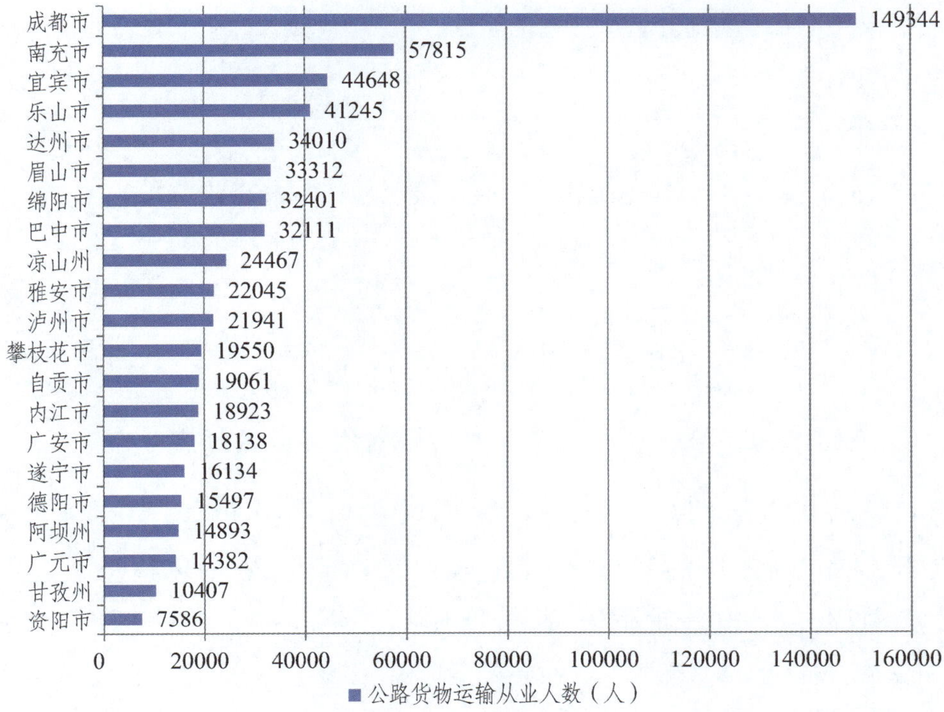

图 8-22 2022 年四川省各地市（州）道路货运从业人员数量

8.2.6 网络货运分析

根据四川省交通运输物流公共信息平台网络货运信息监测系统，有 55 家物流企业接入该平台，其中，36 家已经通过网络货运经营线上服务能力认定。2022 年使用该平台的网络货运量 580.47 万吨，同比增加 49.75%，使用该平台的网络货物周转量 60639.34 万吨千米，同比下降 41.24%，主要原因是 2022 年 0 ~ 100 km 的网络货运占比 90.1%，平均运距仅 104.47 km，而 2021 年 0 ~ 100 km 的网络货运占比 56.89%，平均运距 266.23 km，说明网络货运更受短距离运输的青睐。

2021—2022 年四川省网络货运量月度分布如图 8-23 所示，2022 年仅 4 月和 7 月的货运量同比呈现下降趋势，其他月份均同比呈现上升趋势。

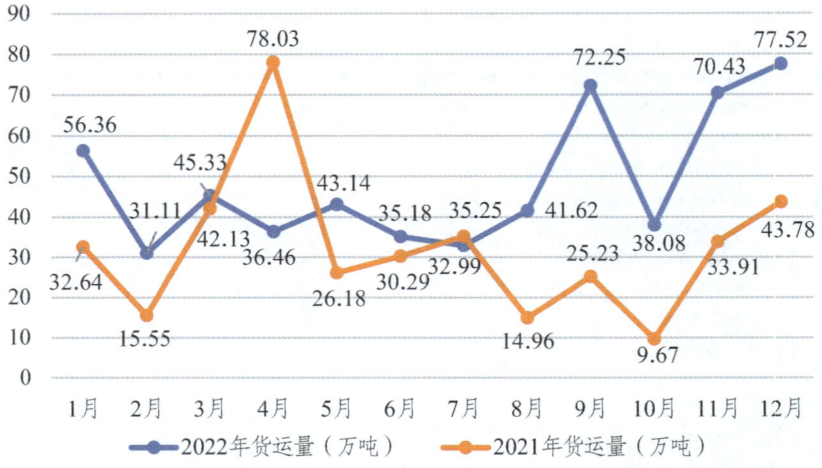

图 8-23　2021—2022 年四川省网络货运量月度分布

2021—2022 年四川省网络货物周转量月度分布如图 8-24 所示，2022 年仅 9～12 月的货物周转量较 2021 年呈现上升趋势，其他月份的货物周转量均呈现同比下降趋势。

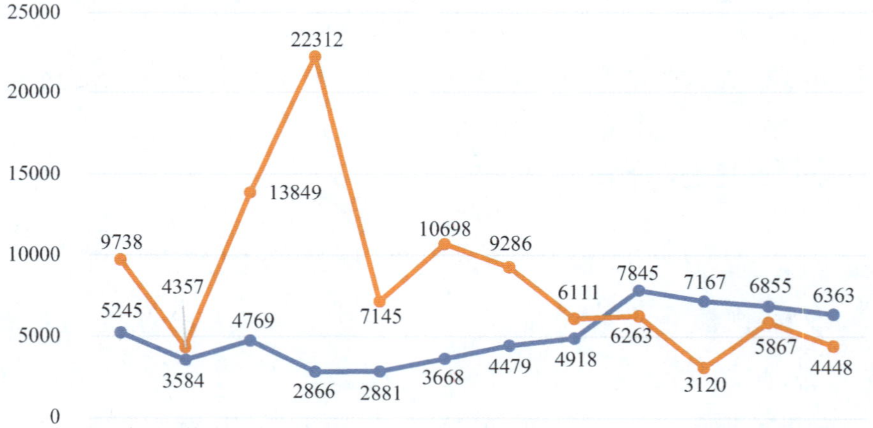

图 8-24　2021—2022 年四川省网络货物周转量月度分布

总体来看，2022 年四川省公路货物运输量持续回暖，市场需求旺盛，公路货运占四川省总货运量和周转量比重较大。全年各月度货运量总体较为稳定，各地市（州）公路货运量差距明显，与地区经济发展态势相一致。公路货物平均运距小幅提升，但仍以中短途为主，大部分公路货运量集中在省内或川渝之间，与四川省经济产业"内循环"结构特征相匹配，也与四川省构建现代产业体系货运需求相适应。公路货运车辆数总体下降，但总吨位持续提升，单车运力显著增长，货运车辆大型化、重型化趋势明显。单位货物运力的实际利用率较低，公路货运组织有待优化。牵引车挂车双增长，运力结构不断优化，但甩挂运输仍有较大发展空间，新能源货车发展较快，但普及率仍比较低，公路货运新能源车使用空间广阔。公路货运行业经营主体向规模化、集约化方向发展，个体或经营规模较小的货运业户正迅速退出市场，经营者必须更关注管理效率与质量。公路货运从业人员数量持续下降，年龄结构整体偏大，或将造成人员缺口风险。公路货运运力运量及市场主体分布与四川省各地市（州）经济产业发展情况基本吻合。

8.3 航空物流运输情况

8.3.1 吞吐量分析

根据中国民用航空四川安全监督管理局提供的四川省航空物流数据，近 5 年四川省航空运输货邮吞吐量呈现上下波动趋势，如图 8-25 所示。近 3 年受疫情等因素影响，货邮吞吐量均低于 2018 年和 2019 年，特别是 2022 年，货邮吞吐量达到历史新低。具体来看，国内航线货邮吞吐量下降趋势较为明显，除 2021 年外，其他年份均呈现下降趋势，其中，2022 年的增长率为 – 23.86%。国际货邮吞吐量整体呈现上升趋势，除 2020 年外，其他年份均呈现正增长，且所占总货邮吞吐量的比例不断增加，说明国际货邮受疫情影响的程度相对较小，近年来发展势头良好，国内航线货邮吞吐量的下降是导致航空运输货邮吞吐量呈现下降趋势的主要原因。

2018—2022 年成都市、重庆市机场货邮吞吐量对比情况如图 8-26 所示，2022 年，成都双机场（包括双流和天府机场，下同）的货邮吞吐量为 61.2 万吨，其中，双流机场 53.0 万吨，天府机场 8.2 万吨，重庆江北机场的货邮吞吐量为 41.5 万吨。2022 年，重庆市机场的货邮吞吐量已经恢复到疫情前（2019 年）的水平，成都双机场的货邮吞吐量仅恢复到疫情前（2019 年）的 91.1%，说明成都市应加强国内航线货邮吞吐量的提升。

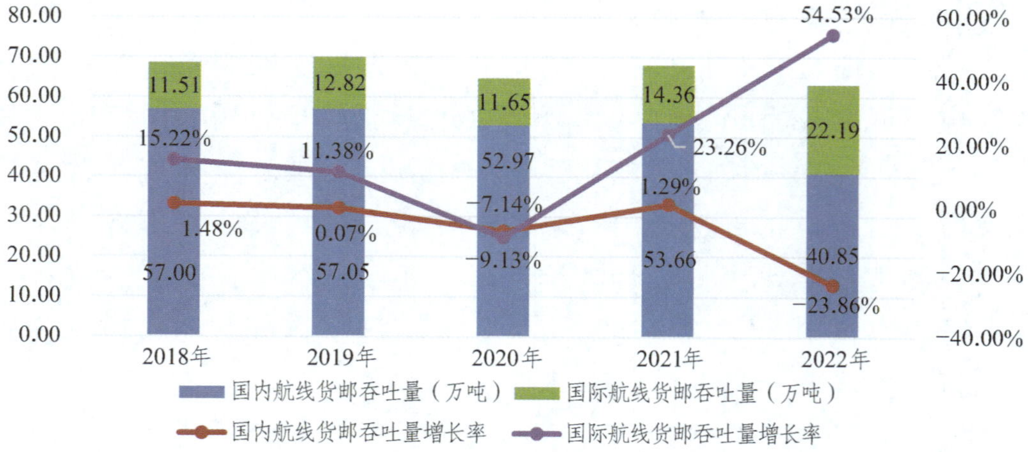

图 8-25　2018—2022 年四川省航空货邮吞吐量

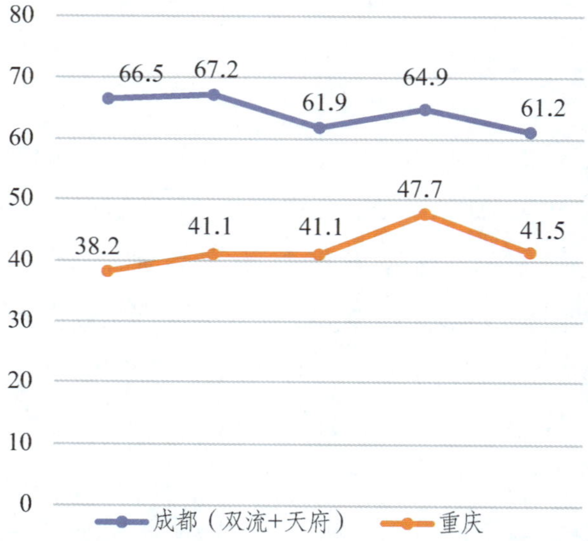

图 8-26　2018—2022 年成都市、重庆市机场货邮吞吐量对比（万吨）

2022 年四川省航空货邮吞吐量月度分布情况，如图 8-27 所示，8 个月份的货邮吞吐总量同比呈现负增长，主要原因是国内航线货邮吞吐量 2 月至 12 月同比均呈现负增长，其中 4、5 月和 9、10 月同比下降幅度超 30%。国际航线吞吐量每月同比均呈现正增长，1～7 月和 9、10 月份的增长率均超过 50%，说明国际贸易经济正在逐步复苏，国内航线受疫情影响较大，货邮吞吐量受到严重冲击。

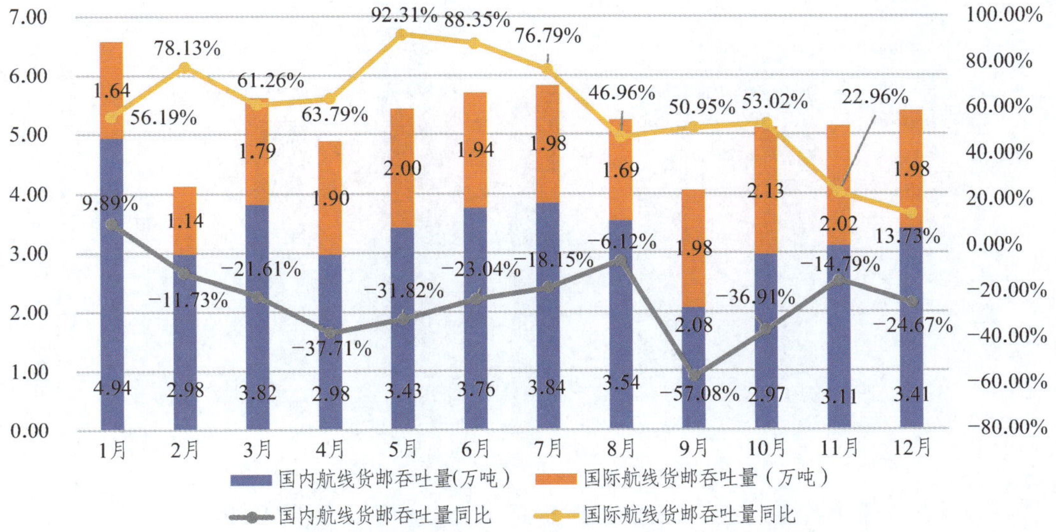

图 8-27　2022 年四川省航空货邮吞吐量月度分布

总体来说，由于国内航线货邮吞吐量在总货邮吞吐量中的占比较大，其受疫情影响明显，导致近年来航空货邮吞吐量整体波动较大，而在国外疫情放开经济复苏的背景下，国际航线货邮吞吐量持续向好，占比也不断提升，随着国内疫情防控政策的调整，未来航空货运量发展也将逐步向好。

8.3.2　起降架次分析

近 5 年四川省民航完成运输起降架次呈现上下波动趋势，如图 8-28 所示，运输总起降架次和国内航线运输起降架次在 2020 年和 2022 年呈现负增长，其他年份呈现正增长；国际航线完成架次在 2020 年和 2021 年呈大幅下降趋势，2020—2022 年累计完成国际航线起降架次低于 2018 年和 2019 年单年完成的国际航线起降架次。从国际和国内航线完成架次占比来看，2018—2019 年国际航线完成架次占比在 9%以上，2020—2022 年占比均低于 4%，而国际航线货运吞吐量整体保持着增长趋势，说明国际货运需求旺盛，受疫情影响不大，疫情期间旅客出游需求不足，客运运输量大幅减少是造成国际航线起降架次大幅下降的主要原因。

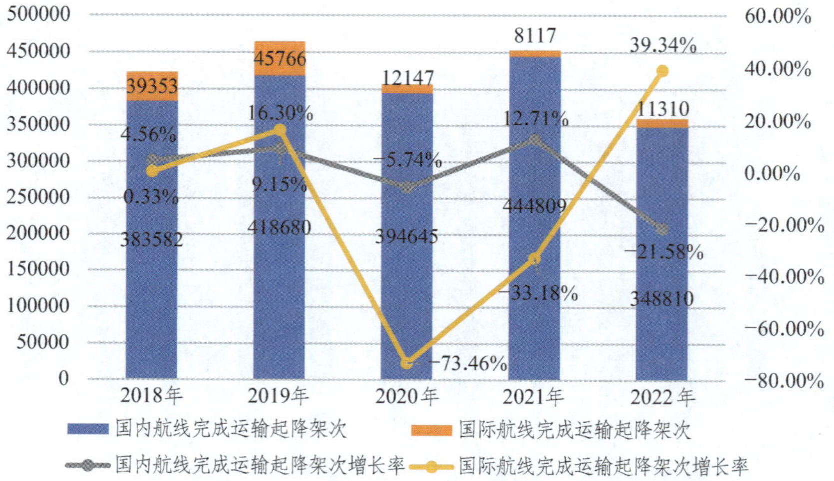

图 8-28　2018—2022 年四川省航空运输起降架次

2022 年航空运输起降架次月度分布情况如图 8-29 所示，因国际航线完成架次占比较小，总运输起降架次与国内航线运输起降架次的趋势基本一致，国内航线运输起降架次仅 4 个月份呈现正增长，8 个月份呈现负增长，其中，4 月、9 月和 10 月的下降幅度超过 50%，国际航线完成的架次各月同比均呈现正增长，其中，2 月和 8 月增长幅度超过 50%。

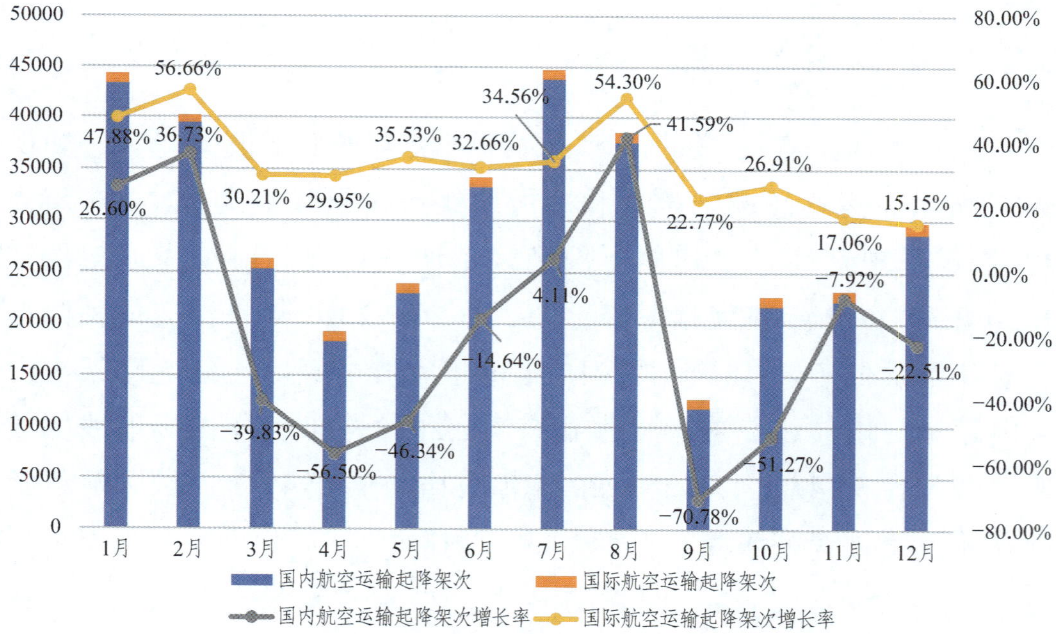

图 8-29　2022 年四川省航空运输起降架次月度分布

8.3.3 各机场运输情况分析

2022 年四川省各机场的货邮吞吐量占比情况如图 8-30 所示，其中，双流机场的货邮吞吐量占绝对优势，占比为 84.05%；其次是天府机场，占比为 12.95%；其他 14 个机场的占比均小于 1%，累计占比仅 3.00%。

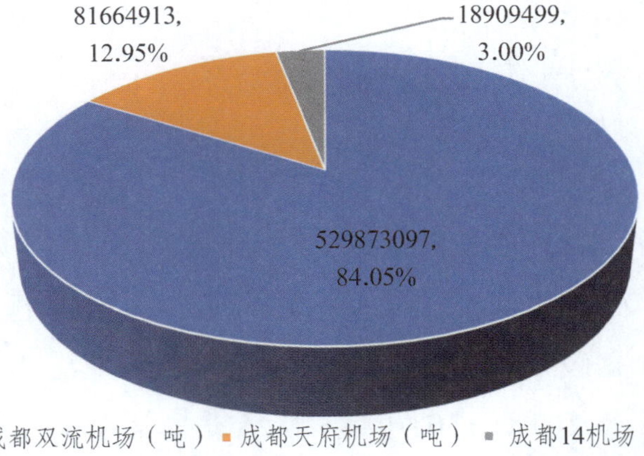

图 8-30 2022 年四川省各机场的货邮吞吐量占比

如图 8-31 所示，在航空运输起降架次方面，与货邮吞吐量占比类似，双流机场最高，占比为 43.44%；其次是天府机场，占比为 33.27%；绵阳南郊机场、泸州云龙机场、西昌青山机场、宜宾五粮液机场的运输起降架次占比在 4%左右；其他 8 个机场的占比均小于 2%。

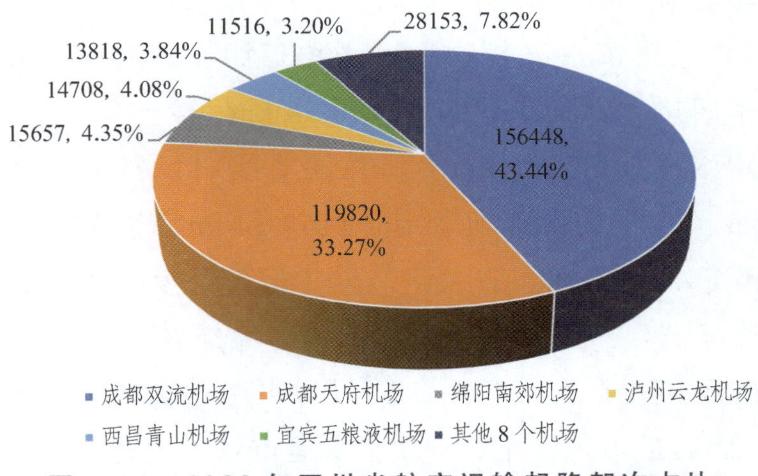

图 8-31 2022 年四川省航空运输起降架次占比

总体来说，2022 年双流机场仍在四川省航空货运中发挥主要运力作用，而天府机场投运仅 1 年，其运量和运输起降架次已远超其他机场。未来在两大机场互补发展中，四川省航空货运能力和水平将得到有效提升。

8.4 水路物流运输情况

8.4.1 货运量及周转量分析

1. **总体情况**

近 5 年四川省水路货运量呈现先下降后增长的趋势，2018—2021 年逐年下降，随着四川省综合运输体系的不断完善和升级，2022 年扭转颓势，实现突破性增长，平均运距整体呈现上升趋势，近 2 年的平均运距均高于 2018—2020 年，水路货物运输在长距离运输中的优势更加凸显。

2018—2022 年四川省与重庆市水路货运量和货物周转量变化趋势如图 8-32 所示。2022 年四川省水路货运量为 6049 万吨，比上年增长 12.01%，约为重庆市水路货运量的 1/3，居全国水路货运量第 16 位，居长江沿线 11 省（市）第 4 位；货物周转量 275.59 亿吨千米，同比增长 4.1%，约为重庆市水路货物周转量的 1/9，居全国水运货物周转量第 20 位，居长江沿线 11 省（市）第 9 位。

四川省和重庆市水路货物运输平均运距变化趋势如图 8-33 所示。2022 年四川省水运平均运距 458.58 km，较上年减少 34.66 km，较全国平均水平（681.66 km）、长江沿线 11 省（市）平均水平（1125.13 km）、重庆市平均运距（1159.34 km）存在较大差距。

2022 年 1～12 月四川省水路运输货运量月度变化趋势如图 8-34 所示，从月份来看，全年货运量总体较为稳定。1～2 月，因春节前货物集中出运和砂石大幅开采，四川省水路运输货运量处于较高水平；3 月份货运量出现回落；4 月，水运市场活力逐渐释放，货运量稳中有升；5～9 月，随着禁渔期、汛期来临，加之极端高温天气影响，四川省水路运输货运量逐月下降触底；10～11 月，砂石恢复开采，四川省水路运输货运量实现触底反弹，带来了货运高峰；12 月，四川省疫情进入高峰阶段，导致工地“减员”“提前停工停产”等情况突出，货运量环比下降。

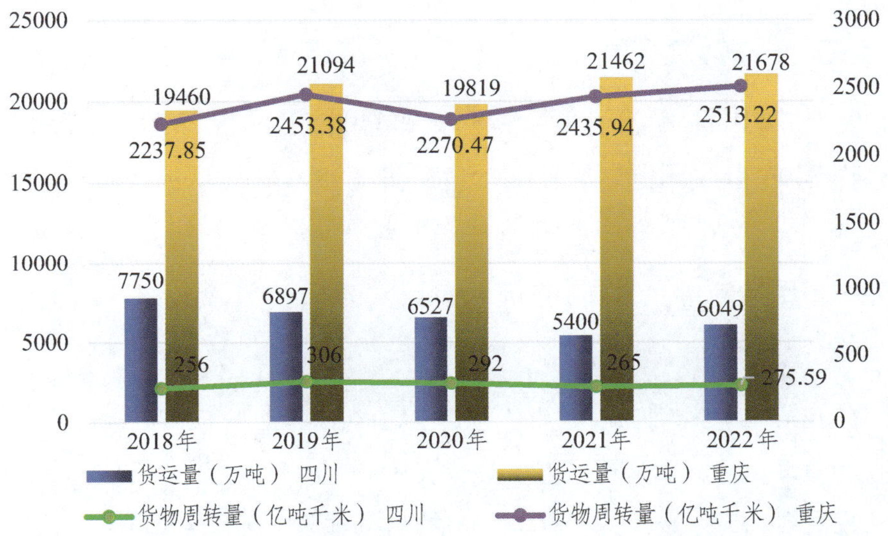

图 8-32　2018—2022 年四川省与重庆市水路货运量和货物周转量

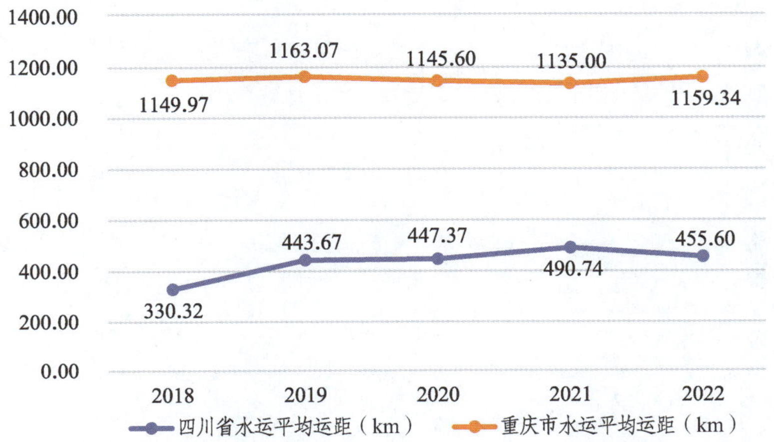

图 8-33　2018—2022 年四川省和重庆市水路运输平均运距（km）

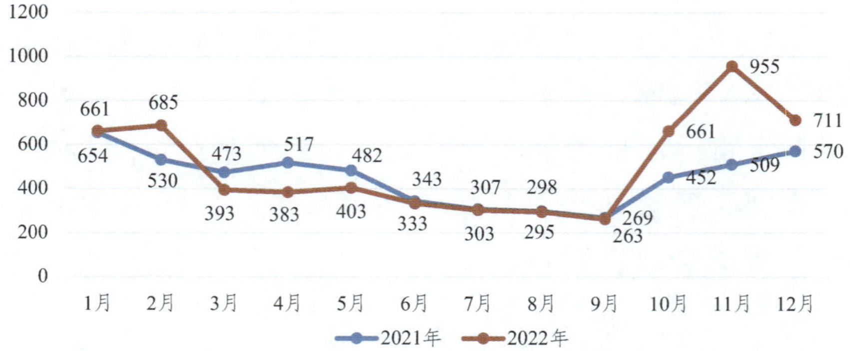

图 8-34　2022 年四川省水路运输货运量月度分布（万吨）

2. 地区分布情况

2022 年四川省重点水运市场表现总体良好，各地市（州）货运量和货物周转量变化趋势如图 8-35 和图 8-36 所示。

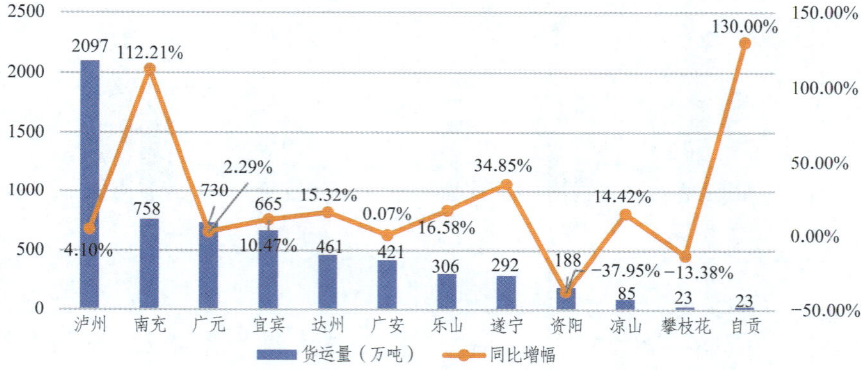

图 8-35　2022 年四川省各地市（州）水路运输货运量及增长

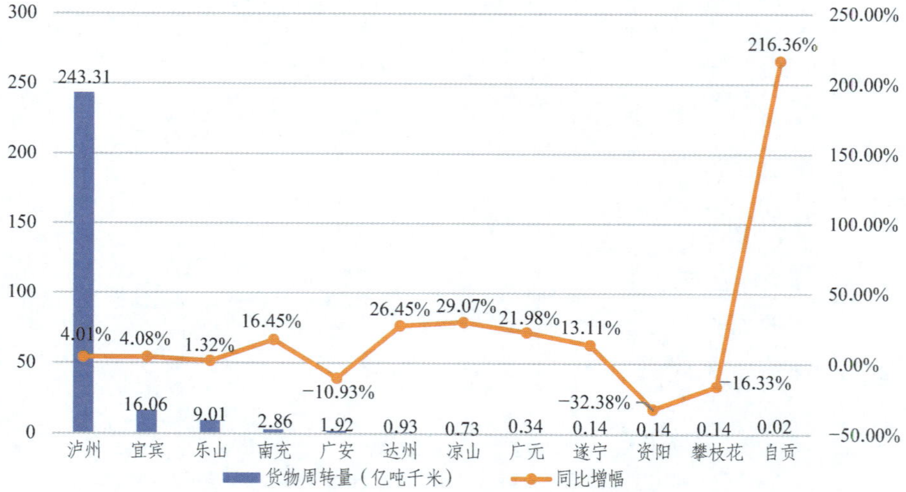

图 8-36　2022 年四川省各地市（州）水路运输货物周转量及增长

如图 8-37 和图 8-38 所示，泸州市在四川省水路运输中发挥着航运枢纽作用，货运量、周转量均居四川省首位，主要以中长途货运为主，货运量、周转量分别实现 2097 万吨、243.31 亿吨千米，分别同比增长 4.13%、4.1%，分别占四川省比重为 34.67%、88.28%。宜宾市、乐山市等地货物运输以中途为主、短长途为辅，货运量分别为 665 万吨、306 万吨，分别同比增长 10.47%、16.58%，分别占全省比重为 10.82%、5.06%；周转量分别为 16.06 亿吨千米、9.01 亿吨千米，分别同比增长 4.08%、1.32%，占全省比重为 5.83%、3.27%，居全省第 2、3 位。南充市、自贡市等地 2022 年度加大砂石开采，短途砂石运输占据主导，涨幅最大，货运量分别实现 758 万吨、23 万吨，分别同比增长 112.09%、130%。

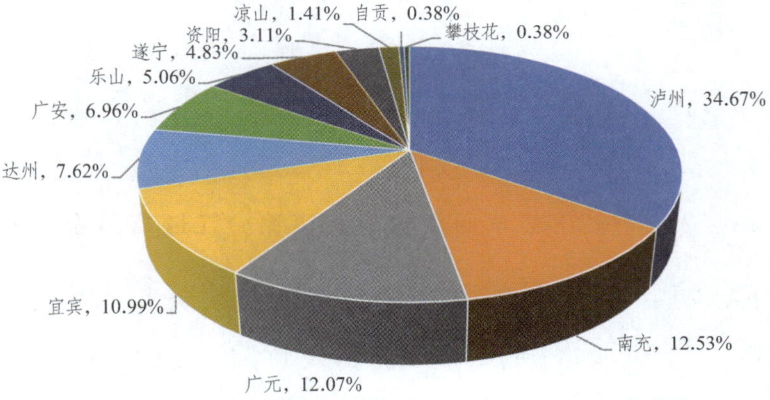

图 8-37　2022 年四川省各地市（州）水路运输货运量占比情况

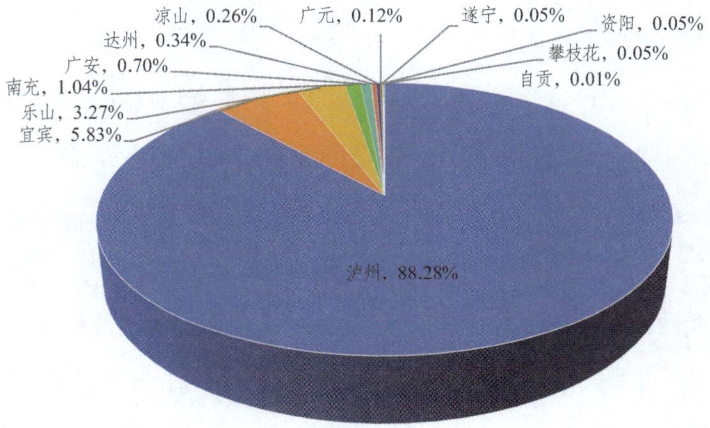

图 8-38　2022 年四川省各地市（州）水路运输货物周转量占比情况

3. 分江流域分析

四川省航运主要依托长江、嘉陵江、沱江、金沙江、岷江、渠江、涪江等自然航道，实现干支衔接、通达通畅的“5+2”航道体系。2021—2022 年四川省水路运输分江域货运量情况如图 8-39 所示。

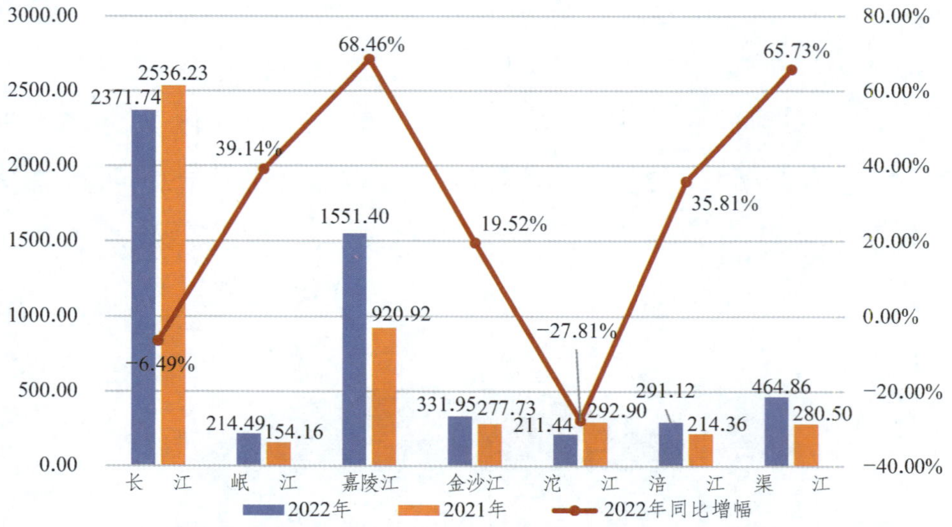

图 8-39　2021—2022 年四川省水路运输分江域货运量（万吨）

2022 年，随着四川省水运“一江一策”政策深入实施，嘉陵江、金沙江、岷江等通航河流运输条件整体向好，货运量整体呈现上升趋势，如图 8-39 所示。嘉陵江货运量完成 1551.4 万吨，同比增长 68.45%，占四川省水路货运量比重由 2021 年的 17.1%提高到 25.65%，货物平均运距为 14.76 km、较去年增长 5.46 km，仍以短途砂石运输为主；金沙江实现货运量 331.95 万吨，同比增长 19.4%，占四川省水运货运量比重由 2021 年的 5.1%提高到 5.49%，货物平均运距 83.3 km，较去年增长 29.7 km，运输货物以向家坝库区磷矿、砂石为主；长江因年中汛期反枯和年末水位持续走低，全年货运量为 2371.74 万吨，同比下降 6.48%；岷江、涪江、渠江分别实现货运量 214.49 万吨、291.12 万吨、464.86 万吨，分别同比增长 39.13%、35.82%、65.73%。

4. 货物种类分析

2022 年四川省水运分货物种类货运量占比和货物周转量占比如图 8-40 和图 8-41 所示。2022 年，四川省大宗商品货运总量 844.56 万吨，同比下降 8.32%，占四川省水路货运量比重为 13.96%，较去年下降 3.1%；大宗商品货物周转量为 87.89 亿吨千米，同比下降 22.95%，占四川省水路货物周转量比重为 31.89%，较去年下降 11.2%；货物运距为 1040.68 km，较去年同期下降 197.66 km。四川省水路运输的主要货物为矿建材料，货运量与货物周转量分别占比 72.29%、34.41%。

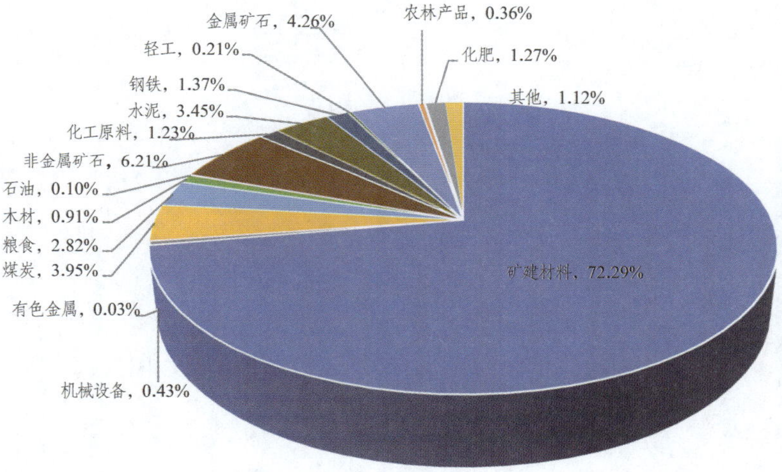

图 8-40 2022 年四川省水运分货物种类货物量占比

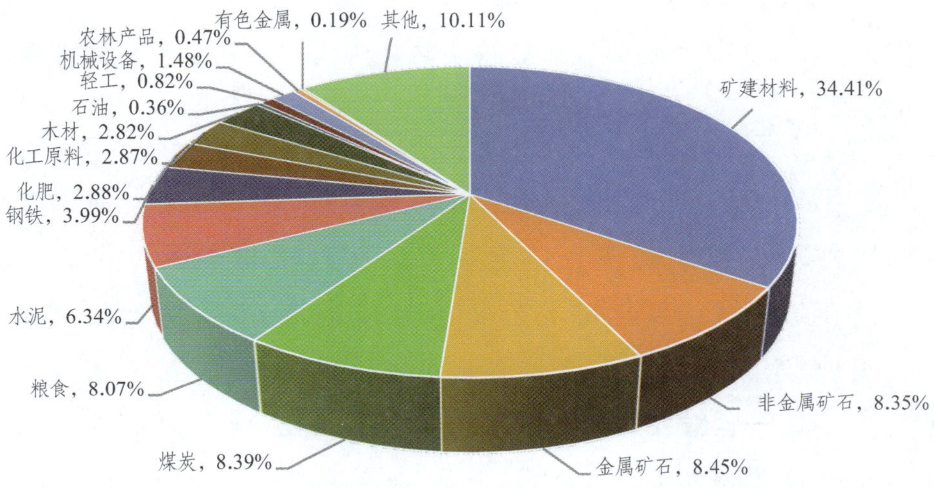

图 8-41 2022 年四川省水运分货物种类货物周转量占比

2022 年四川省水运各类货物种类货运量及货物周转量情况如图 8-42 所示。2022 年，由于年中极端高温和年末气温寒冷，居民用电增长，电厂冬储煤采购需求增强，煤炭货运量同比增长 7.22%；高油价叠加我国新能源高速发展，石油需求端持观望态度，石油及其制品货运量同比下降 84.66%；欧美加息，全球制造业需求疲软，建筑用钢需求有所下降，金属矿石货运量、钢铁货运量分别同比下降 21.4%、2.62%；在国际粮价大幅波动的情况下，国内粮食市场保持总体平稳；化肥、农药需求较好，化工原料同比增长 52.42%。

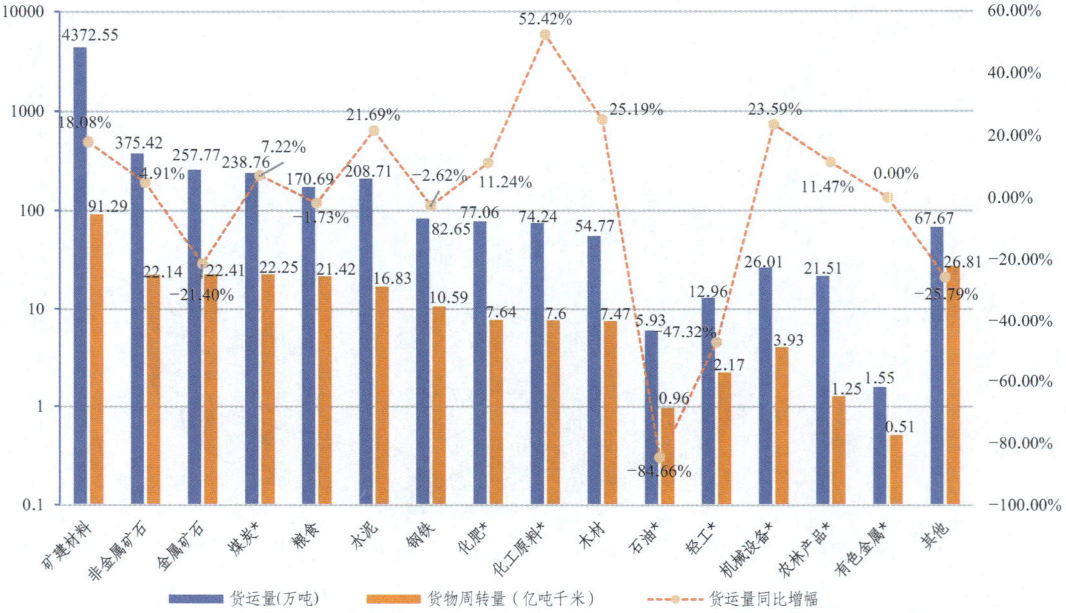

图 8-42　2022 年四川省水运各类货物种类货运量及货物周转量

5. 运输结构分析

2022 年，中长途运输的“公转水”引导成效明显，通过水路运输的货物种类更加丰富多元，全年累计实现增量 156 万余吨。宜宾市实现钢卷、纸浆、氧化铝等公转水运输增量 60 余吨，仅钢卷下水项目便实现增量 13.27 万吨；泸州市实现木材、水泥、金属矿石等货物“公转水”运输增量 65 万余吨；乐山市实现金属矿石、非金属矿石、化肥农药等货物“公转水”运输增量 22 万余吨；广元市新增非金属矿石、化肥农药等货物“公转水”运输增量1万余吨；广安市新增化工产品“公转水”运输增量1.54万吨。12月，完成金属矿石、木材等货物“公转水”运输增量11.25万吨。

6. **大件运输分析**

2022年，持续保障大件设备物流畅通、产业链供应链稳定。2018—2022年四川省水路运输大件货物运输量如图8-43所示。由于德阳东电、东汽生产的大型设备经水路出川份额加大，2022年完成水路大件运输65批次、18604吨，分别同比增长35.42%、48.37%，平均单件286.22吨，同比增长9.57%。

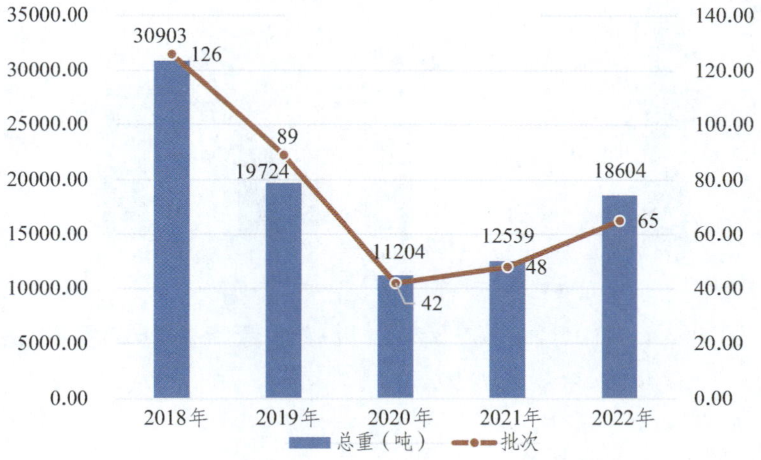

图8-43 2018—2022年四川省水路运输大件货物运输量

8.4.2 港口吞吐量及集装箱量分析

1. **港口吞吐量**

随着经济逆全球化以及长江干流砂石禁采、长江三峡待闸等的影响，四川省港口吞吐量在2018年后逐年下降，特别是受2018、2019年四川省非法码头整治和2020年疫情影响，四川省水运港口吞吐量下降比较明显，如图8-44所示。但是随着四川交通强省建设、公转水运输结构调整及“双碳”目标的提出，从2021年开始，四川省水运港口吞吐量开始稳步回升，2022 年实现结构性突破提升。

2022 年，四川省港口吞吐量完成 3216 万吨，比去年同期增长 57.34%，特别是疫情管控放开后，港口吞吐量增长迅猛，12 月到达峰值，四川省港口吞吐量完成 663 万吨，比上月增长 21.65%，同比增长 197.31%，如图 8-45 所示。其中，泸州港完成 818 万吨，宜宾港完成 577 万吨，同比分别增长 10.09%、8.46%。

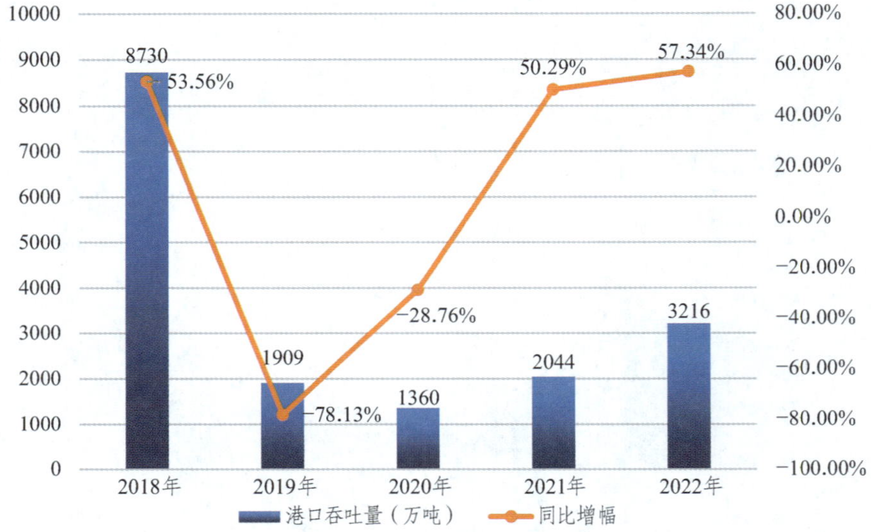

图 8-44　2018—2022 年四川省水运货物港口吞吐量

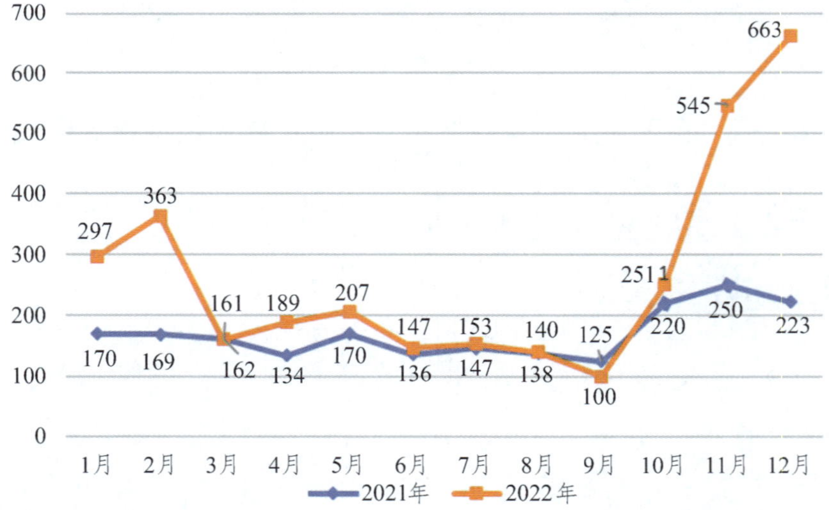

图 8-45　2022 年与 2021 年四川省港口吞吐量（万吨）对比

从货物交流性质来看，内贸货：外贸货约为 25.2：1，内贸货物大于外贸货物，内贸需求旺盛；随着国内刺消费、稳物价政策落地，内需拉动增强，内贸货物全年完成吞吐量 3093.13 万吨，同比增长 62.39%；国外局部冲突持续，通货膨胀加剧，外贸订单锐减，外贸货物全年完成吞吐量 122.53 万吨、同比下降 12.23%。

2022 年四川省港口进出港吞吐量情况如图 8-46 所示，从货物流向来看，进港：出港约为 2.76：1，进港货物量大于出港货物，港口运输仍以满足省内需求为主；进港货物全年完成吞吐量 2359.59 万吨，同比增长 90.37%；出港货物全年完成吞吐量 856.07 万吨，同比增长 6.37%。

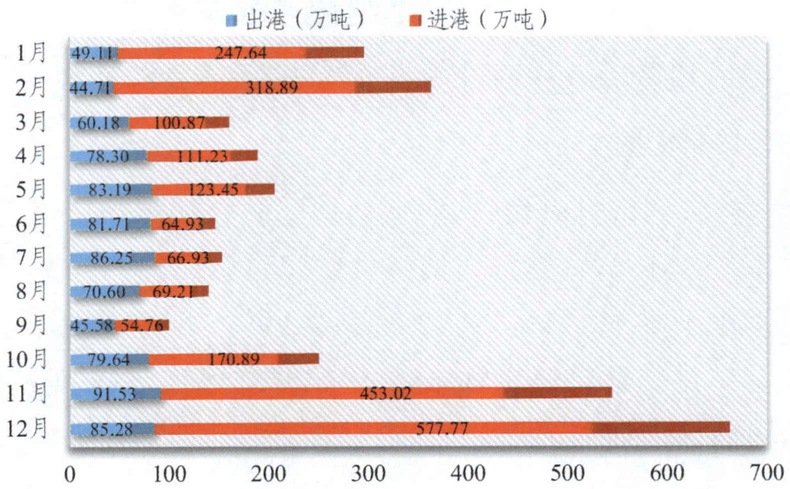

图 8-46　2022 年四川省港口进出港吞吐量

2022 年四川省港口分货类吞吐量如图 8-47 所示，从主要货种来看，港口运输结构调整明显，大宗商品吞吐需求强劲。煤炭、石油等大宗商品合计吞吐量 695.49 万吨，同比增长 19.88%，占四川省港口吞吐量比重为 21.63%。其中，全年受高温、寒冷等极端天气影响，居民用电需求不断增长，煤炭吞吐量实现 151.02 万吨、同比增长 32.28%；随着基建项目加快建设和保交楼政策推进，基建用钢需求走强，铁矿石、钢铁等货物吞吐量分别实现 14.53 万吨、22.3 万吨，分别同比增长 730.51%、84.29%。

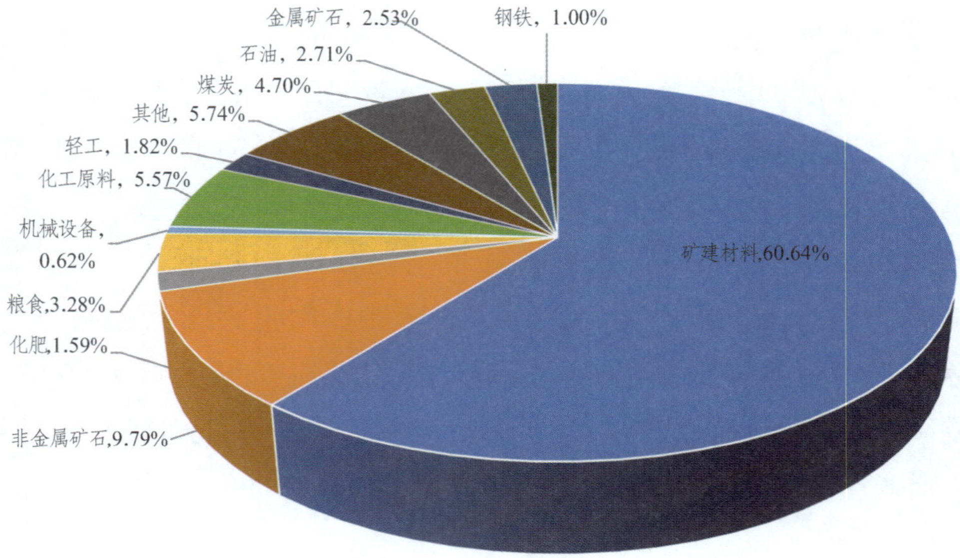

图 8-47　2022 年四川省港口分货类吞吐量

2. 集装箱吞吐量

由于能耗双控和限电限产对制造业造成直接影响，集装箱吞吐量仍然整体呈现下降趋势，如图 8-48 所示。2019—2021 年，集装箱吞吐量同比下降 52.95%、37.34%和 4.19%。随着疫情政策的逐渐放宽，集装箱吞吐量减速也逐渐放缓，2022 年实现扭负为正，集装箱运输市场整体表现活跃。

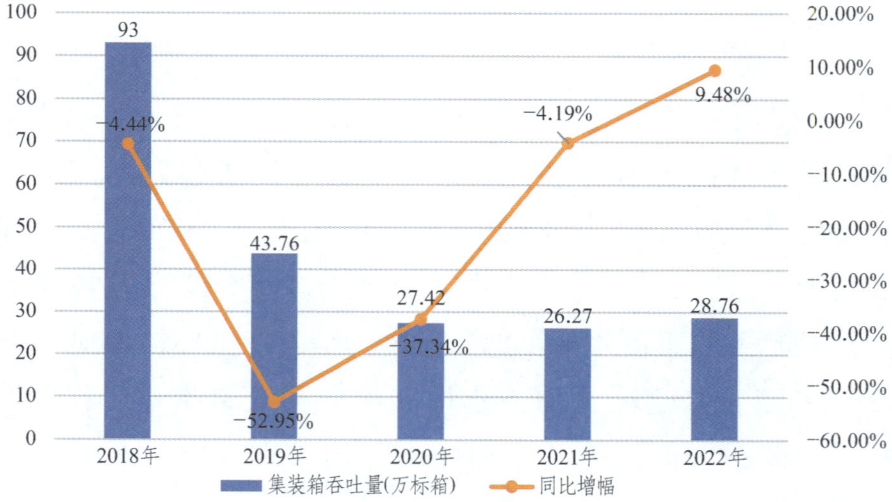

图 8-48　2018—2022 年四川省水路运输集装箱吞吐量及增长

2022 年，四川省港口集装箱吞吐量完成 28.76 万标箱，同比增长 9.48%，如图 8-49 所示，泸州港完成 19.03 万标箱，同比增长 10.56%；宜宾港完成 9.61 万标箱，同比增长 6.13%。从交流性质来看，外贸集装箱完成 72275 标箱，同比增长 7.89%；内贸集装箱完成 215325 标箱，同比增长 10.02%。

从泸州港、宜宾港的进出港货物运量数据来看，四川省集装箱货物交流中，进港货物比出港货物略大，内支线货物主要来自上海市、武汉市、苏州市等地，分别占进港内支线货物总量的 66.31%、18.42%、14.84%；国内航线货物主要来自上海市、武汉市、重庆市，分别占进港国内航线货物总量的 68.6%、11.11%、5.86%。

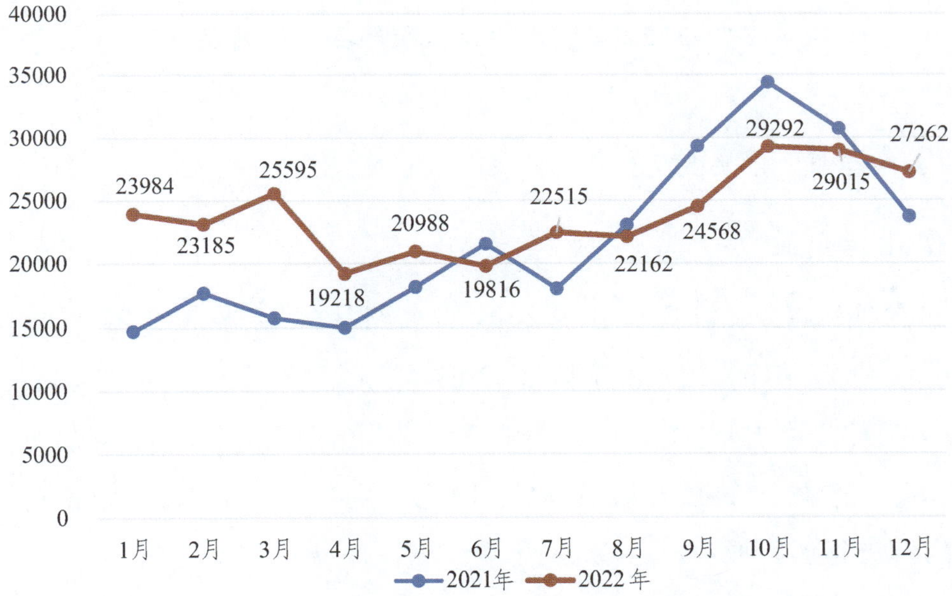

图 8-49 2022 年与 2021 年集装箱吞吐量对比（标箱）

3. 铁水联运集装箱吞吐量

2022 年，全年累计开行集装箱铁水联运班轮 1357 列，同比下降 16.44%；完成铁水联运集装箱吞吐量 42577 标箱，同比增长 14.23%。其中，泸州港抢抓发展机遇，积极拓展货源，完善服务品质，提升服务效率，已与成都市、昆明市、攀枝花市等地持续运行铁水联运班列 11 条，2022 年铁水联运集装箱吞吐量月度分布情况如图 8-50 所示。

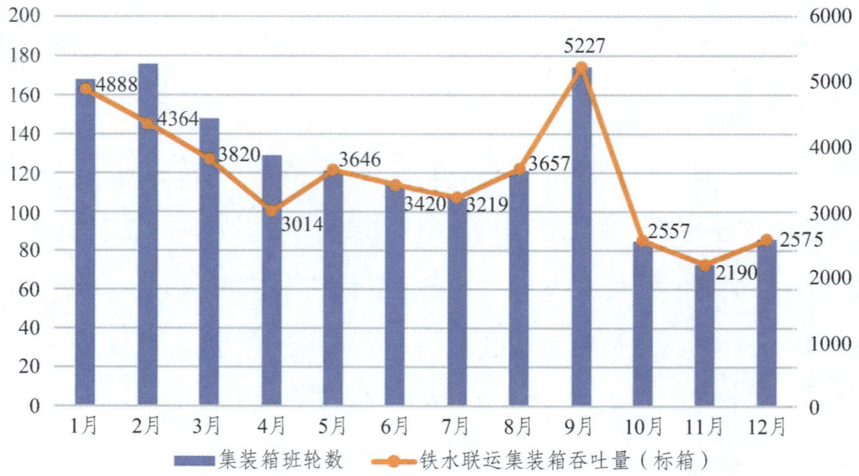

图 8-50　2022 年铁水联运集装箱吞吐量月度分布

8.4.3　运力情况分析

1. 水运企业

2022 年，四川省现有正常经营的水路运输企业 389 家（含省内客运），较去年的 421 家下降了 7.6%。从经营区域来看，省际运输企业 68 家，省内运输企业 321 家。从经营范围来看，货运企业 223 家，客运企业 152 家，兼营企业 14 家。14 个省市水路运输企业情况统计如表 8-1 所示。

从长江沿线来看，四川省水运企业数居 14 个省市第 3 位，占 14 个省市水运企业比重 10.31%；省际运输企业居 14 个省市 10 位，占 14 个省市省际企业比重 2.67%，省际企业数比重庆市少 188 家。这表明四川省水路运输企业仍以小型省内运输企业为主，从事中短途区间运输。

表 8-1 14 省市水路运输企业情况统计

省市	运输企业/家			个体工商户	辅助业企业/家			
	总计	省际	省内		总计	船舶管理	船代	客货代
总计	3772	2543	1229	9858	1270	349	469	452
上海市	69	45	24	5	61	53	4	4
江苏省	752	635	117	3	320	87	114	119
浙江省	187	104	83	6387	332	106	120	106
安徽省	709	679	30	1141	41	16	20	5
江西省	182	126	56	20	40	6	18	16
山东省	260	168	92	0	288	42	148	98
河南省	135	93	42	0	0	0	0	0
湖北省	291	235	56	221	78	26	14	38
湖南省	247	116	131	364	25	0	20	5
重庆市	313	256	57	183	76	11	10	55
四川省	389	68	321	941	9	2	1	6
贵州省	120	8	112	292	0	0	0	0
云南省	64	9	55	63	0	0	0	0
陕西省	54	1	53	238	0	0	0	0

四川省各地市（州）万吨级以上企业数情况如图 8-51 所示。从企业规模来看，船舶运力达万吨以上的企业有 28 家（泸州市 17 家、宜宾市 6 家、乐山市 2 家、南充市 2 家、广安市 1 家），仅占货运企业总数的 12.55%，万吨规模以上的水运企业较少，水运企业整体呈现小、散、弱的特点。水运企业平均运力规模 6015.3 总载重吨，泸州市、宜宾市水运企业平均运力规模居四川省前列，分别为 24490 总载重吨、8316 总载重吨。

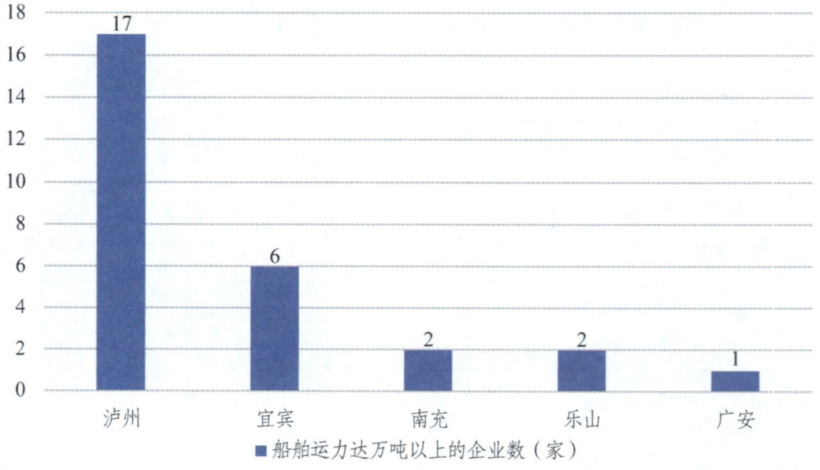

图 8-51 2022 年四川省各地市（州）万吨级以上企业数量

2. 港口企业

2022 年，四川省经营性港口企业 92 家，其中，普货港口 74 家、危货港口 8 家、客运港口 10 家，各地市（州）分布情况如图 8-52 所示。

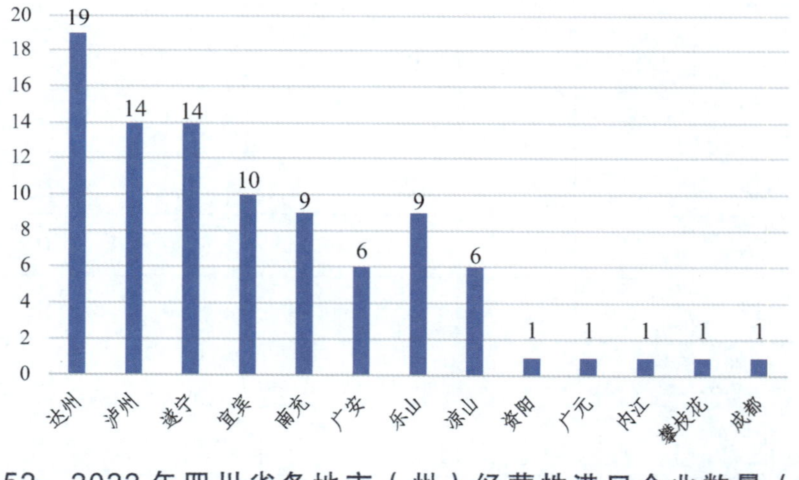

图 8-52 2022 年四川省各地市（州）经营性港口企业数量（家）

8.4.4 运输船舶分析

截至 2022 年年底，四川省共有运输船舶 4262 艘，其中运输机动船（客船+货船+拖船）共计 3486 艘，驳船 776 艘。在运输机动船中，货船 2012 艘、净载重量 133.54 万吨、平均载重 633.74 吨/

艘（主要分布在南充市、达州市、广安市）。拖轮 199 艘（主要分布在南充市、遂宁市、资阳市）。驳船 776 艘、净载重量 4.92 万吨、平均载重 63.39 吨/艘。省际船舶 348 艘、总载重 87.51 万吨、平均载重 2514.7 t。

从货物运输船舶数量来看，四川省货物运输船舶数呈现逐年下降趋势，2022 年四川省货物运输船舶数下降幅度最大，为 – 12.18%；船舶平均净载重量呈现逐年上升趋势，年平均增长率为 6.25%，逐渐向大吨位船舶发展。2018—2022 年四川省货物运输船舶艘数与净载重量变化情况如图 8-53 所示。

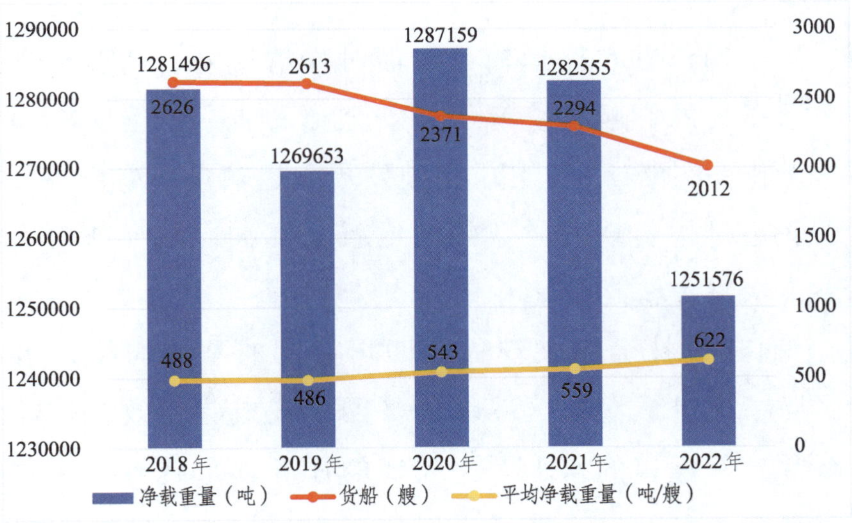

图 8-53　2018—2022 年四川省货物运输船舶数与净载重量

如图 8-54 所示，从货物运输船舶分布情况来看，运输船舶数量排名前三的地市（州）为南充市、广安市、达州市，货物运输船舶平均载重排名前三的地市（州）为泸州市、宜宾市、乐山市。

船舶运力达千吨级以上载重货船 267 艘（泸州市 140 艘、宜宾市 72 艘、乐山市 33 艘、广安市 21 艘、达州市 1 艘）、总载重 82.39 万吨、平均载重 3085.7 t，最大单船载重 8000 t。

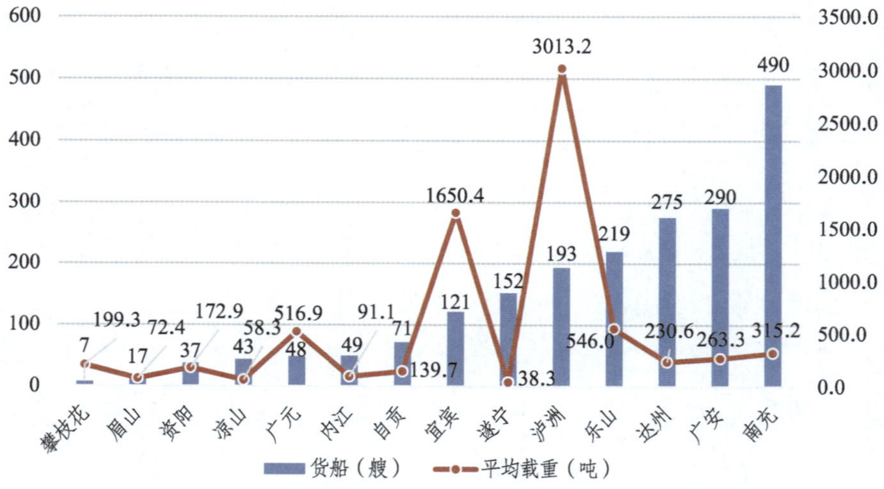

图 8-54　2022 年四川省各地市（州）经营性货船数与平均载重

2022 年，四川省水路运输系统面对疫情反复、高温干旱、限电保供等多重压力的影响，统筹做好安全和发展、疫情防控和保通保畅等各项工作，在 2022 年实现突破发展，运输量、港口吞吐量、集装箱铁水联运量均实现两位数的同比增长，水运系统结构优化取得初步成果，水路经济运行稳中有升。

随着全面建设社会主义现代化四川蓝图的不断勾绘，水运融入新发展格局、促进成渝地区双城经济圈建设成势见效、推动治蜀兴川再上新台阶所承担的水上开路先锋的任务越来越重，面对的风险挑战也越来越明显。一是缺乏省级层面水运扶持政策，相邻的重庆市由于出台支持口岸物流高质量发展若干政策，对四川省运力、企业虹吸效果明显。二是水运货种仍以矿建材料为主，对大宗货物中长途运输的引导有一定效果，但运距同比下降，特别是外贸受国际局势影响下的表现更为明显。三是航运优势未凸显，水运企业经营困难，万吨级以上企业从 35 家下降到 28 家，嘉陵江流域通航存在过闸船舶重复安检影响运输效率、缺乏适航的干支联运标准船型、未建立上下游船闸联合调度机制等问题，导致运输耗时长、效率低，难以凸显航运优势。四是集疏运体系仍不完善，大多以公路为进港、疏港通道，目前泸州港铁路装卸线过短，不能实现班列的整列到发，影响集装箱班列到发的准时性及作业效率，除宜宾港外，其他进港铁路仍未有实质性进展。

总体来看，四川省水运发展正处于快速上升期，特别是2022年完成水路交通投资66亿元，创历史新高，重点项目方面实现了尖子山航电枢纽实现实质性复工，犍为枢纽基本完工，东风岩航电枢纽工可报告取得批复等，航道方面印发《四川省内河高等级航道养护工程管理办法》，持续推进嘉陵江航运配套工程后续工程建设，长江上游航道整体通航能力在不断提升，水运建设还需要解决水电航调度不一、标准化船型推广缓慢等短板和制约，为四川省航运市场繁荣规范打下坚实基础。

9 国际物流

9.1 国际通道

9.1.1 铁路通道

近年来，四川省坚持高水平对外开放，着力加快建设内陆开放高地，在立足自身区位资源优势、服务国家历史的进程中，以成都市为主枢纽，围绕“枢纽集散+干线直达+多式联运”模式，构建“7+5”国际铁路通道、铁海联运通道，线路具体信息如表 9-1 所示，基本形成了“西进欧洲、北上俄蒙、东联日韩、南拓东盟”的国际班列线路网络和全球陆海货运配送体系。2022 年以来，成都国际铁路港先后首发了跨里海、黑海的中欧班列南通道，至加德满都国际班列，中老、中越跨境铁路直达班列，以及“蓉欧非”铁海多式联运线路，拓展了卢布林、格丁尼亚、黑伦贝格等新站点，推进了中欧班列和中越班列联程运输，西部陆海新通道（中老铁路、跨境公路）班列班车实现协同始发，国际供应链保障能力不断提升。

表 9-1 “7+5”国际铁路通道、铁海联运通道信息

7 条国际铁路通道	5 条国际铁海联运通道
（1）经阿拉山口至欧洲蒂尔堡、纽伦堡、罗兹等	（1）经中巴铁路至瓜达尔港，至印度洋的铁海联运通道
（2）通过成格铁路，经霍尔果斯至伊斯坦布尔的泛欧铁路通道	（2）成都到钦州辐射东盟（“蓉欧+”东盟铁海联运）
（3）西线（成都—广通—大理—瑞丽—缅甸皎漂）	（3）成都到宁波辐射台海（甬蓉欧）
（4）中线（成都—昆明—玉溪—磨憨—老挝万象—泰国曼谷）	（4）成都到上海辐射日韩及以远（沪蓉欧）
（5）东线（成都—昆明—玉溪—蒙自—河口—越南河内）	（5）成都到天津辐射日韩及以远（津蓉欧）
（6）成都到深圳辐射港澳（深蓉欧）	
（7）成都—二连浩特—蒙古—俄罗斯（莫斯科）覆盖中蒙俄经济走廊	

2022年12月29日，中老国际货运班列（攀枝花）首发仪式举行，满载着24个集装箱的列车从攀枝花火车站出发，驶向老挝万象，这趟中老班列（攀枝花）以直达的方式向东盟国家出口货物，标志着从东南亚经攀枝花至成都，到我国西部及欧洲距离最短、效率最高、运行最稳的国际铁路通道全部打通。

9.1.2 航空通道

在发展国际铁路通道的同时，四川省坚持大力推进国际航空枢纽和航线建设，全力构建以成都市为核心、西向欧洲、东至北美、南至南亚和东南亚的“Y”形全球航空货运网络。自2022年以来，相继新开通了纽约、特拉维夫、列日等5条国际定期货运航线，新开通的国际定期货运航线数量为历年最多，截至2022年年底，累计开通国际（地区）航班航线131条，基本形成通达欧洲、北美、亚洲的国际货运骨干航线网络。

9.1.3 公路通道

1. 南向国际道路运输通道

四川省目前南向国际道路运输主要包括4个方向路径：

一是成都—雅安—攀枝花—昆明—云南瑞丽口岸至缅甸通道，境内公路里程约1400 km。

二是成都—宜宾—昆明—云南磨憨口岸至老挝通道，境内公路里程约1550 km。

三是成都—宜宾—昆明—云南河口口岸至越南通道，境内公路里程约1250 km。

四是成都—泸州—广西凭祥口岸至越南通道，境内公路里程约1450 km。

成都市作为内陆型城市，不与东盟国家直接接壤，可借道云南省或广西壮族自治区出境，通过高速公路与云南省5个边境公路口岸或广西壮族自治区3个边境公路口岸联通后联通东盟国家，如表9-2所示。

表 9-2　成都东盟国家出境公路通道

国内起点城市	国内途经城市	国内重要城市节点	途径通道
成都	宜宾	昆明	蓉遵高速、渝昆高速
成都	泸州、贵阳	南宁	厦蓉高速、兰海高速
成都	攀枝花	瑞丽	京昆高速、杭瑞高速

2. 西向国际道路运输通道

如表 9-3 所示，目前四川省的西向国际道路运输通道主要有 3 条：

一是国际道路运输通道—西向北线（即中蒙俄经济走廊），西向北线分为西向北线 1 和西向北线 2，西向北线 1 途经满洲里，西向北线 2 途经二连浩特，通过乌兰巴托与西向北线 1 交会，向西延伸至莫斯科、罗兹等地区。

二是国际道路运输通道—西向中线（即新亚欧大陆桥经济走廊），途经兰州、吐鲁番、乌鲁木齐等主枢纽城市，通过阿拉山口、霍尔果斯两个重要口岸将货物运输至阿拉木图、莫斯科等地区。

三是国际道路运输通道—西向南线（即中国—中亚—西亚经济走廊），与中线一致，首先经由兰州，从吐鲁番分向，向南行驶经由吐尔尕特口岸，再途经德黑兰延伸至伊斯坦布尔等地区。

表 9-3　四川省西向国际道路运输通道

西向线路	起点城市	主枢纽城市	国际主要城市	边境口岸	国际节点城市
西向北线 1	成都	大同	—	满洲里	莫斯科
西向北线 2		西安	乌兰巴托	二连浩特	
西向中线	成都	兰州市、吐鲁番市、乌鲁木齐	—	阿拉山口、霍尔果斯	阿拉木图
西向南线	成都	吐鲁番、库尔勒、喀什	德黑兰	吐尔尕特	伊斯坦布尔

9.1.4 水路通道

四川省拥有“长江黄金水道”，港口岸线资源优良，开发潜力巨大。长江四川段主要港口有泸州港和宜宾港，港口集装箱吞吐能力逐年增强。长江是四川省外贸物资的出海主通道，从四川省内支线集装箱吞吐量看，四川省的水运国际通道主要通过长江到上海市、苏州市、武汉市、重庆市等长江经济带城市到达日韩和东南亚。

当前，四川省聚力提升国际竞争力和区域辐射力，在《四川省“十四五”规划和2035年远景目标纲要》中明确指出要增强全球性航空枢纽和国际铁路港功能，在《“十四五”现代物流发展规划》中也提出，要加快建设西部陆海新通道，持续优化铁海联运班列运营组织；推进中欧班列高质量发展，形成以成都市为主枢纽、多通道跨境、多口岸过境的国际班列大通道；打造国际航空货运通道，拓展全球主要客货运枢纽航线高效衔接的洲际10小时、亚洲5小时航程圈等，未来国际物流服务网络将全面加强，物流效率和服务水平将有效提升。

9.2 国际贸易

9.2.1 进出口贸易值分析

1. 整体分析

如图9-1所示，近5年四川省进出口贸易值呈现逐年上升的趋势，2018年的增长率最大，2022年的增长率最小。2018—2022年四川省的出口值年均增长率为16.8%，比同期全国年均增长率（9.9%）高6.9个百分点；进口值的年均增长率为10.3%，比同期全国年均增长率（6.5%）高3.8个百分点。

2022年，四川省外贸进出口贸易展现出强劲的韧性，面对复杂严峻的国内外形势，四川省外贸顶住多重超预期因素的冲击，进出口贸易值首次超过10000亿元，规模再上新台阶。2022年，四川省与 229 个国家（地区）实现贸易往来，贸易额超 10 亿元以上国家增至 55 个，贸易进出口 10076.7 亿元，规模稳居全国第 8，同比增长 6.1%，增速在前十强中列第 5。四川省与 RCEP 成员国进出口 3353.0 亿元，增长 14.2%。中欧班列开行数量再创新高，带动四川省与“一带一路”沿线国家进出口 3139.2 亿元，增长 8.4%，说明 2022 年四川省出台助企纾困政策措施的一系列“组合拳”，切实帮助企业解决生产经营中的困难和问题，助力市场主体迎难而上，为外贸经济平稳运行提供有力支撑。

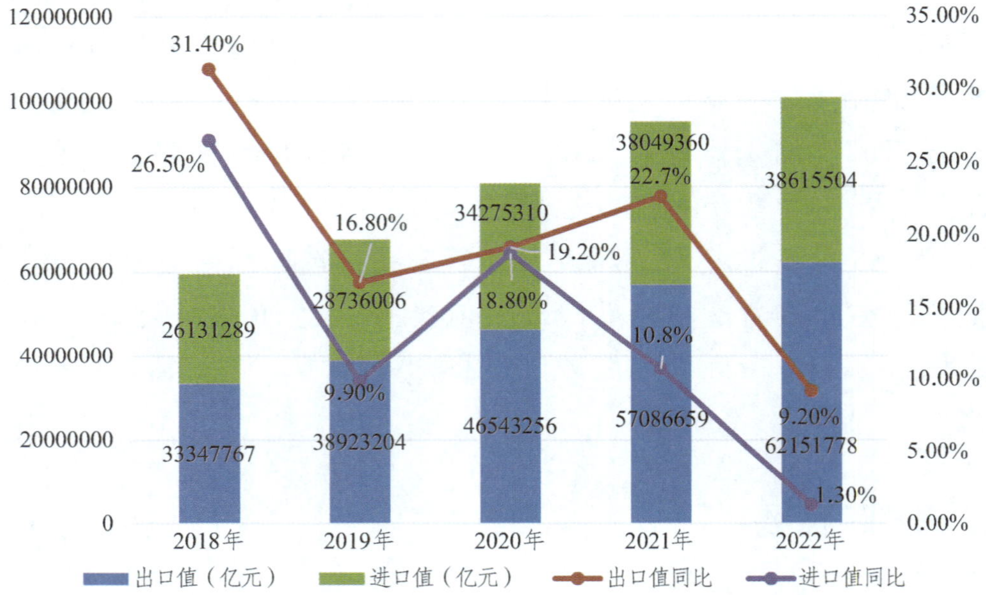

图 9-1　2018—2022 年四川省进出口贸易值及增长

2. 进出口贸易结构分析

如图 9-2 所示，从进出口贸易结构来看，近 5 年均是贸易顺差，且出口贸易值占比逐年增长，2022 年的出口值占比最大，达到 61.68%，实现贸易顺差 2354 亿，进口值占比仅 38.32%，主要原因之一是人民币兑美元快速贬值，利好我国产品出口，2022 年全年，人民币对美元中间价累计贬值 5889 基点，贬值幅度超过 9.23%，创下近年来人民币对美元中间价的最大贬值幅度。人民币对美元贬值，美元购买力提升将利好我国产品出口，同时提升出口企业盈利水平。

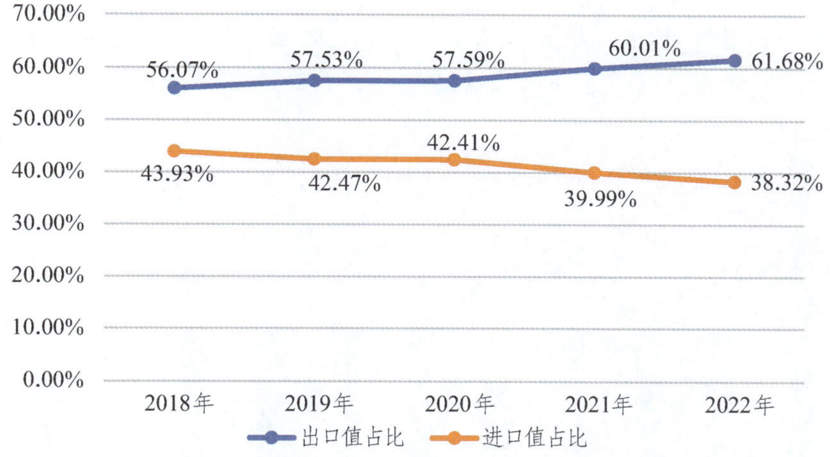

图 9-2 2018—2022 年四川省进出口值占比

3. 月度分析

如图 9-3 所示，2022 年各月的出口值中，仅 5 月、9 月和 12 月同比呈现负增长，其他月份均同比呈现正增长，其中，3 月的增长率最高，达到 45.48%，高于同期全国增长率 32.88 个百分点，但是 5～10 月和 12 月四川省出口增长率均低于同期全国增长率。

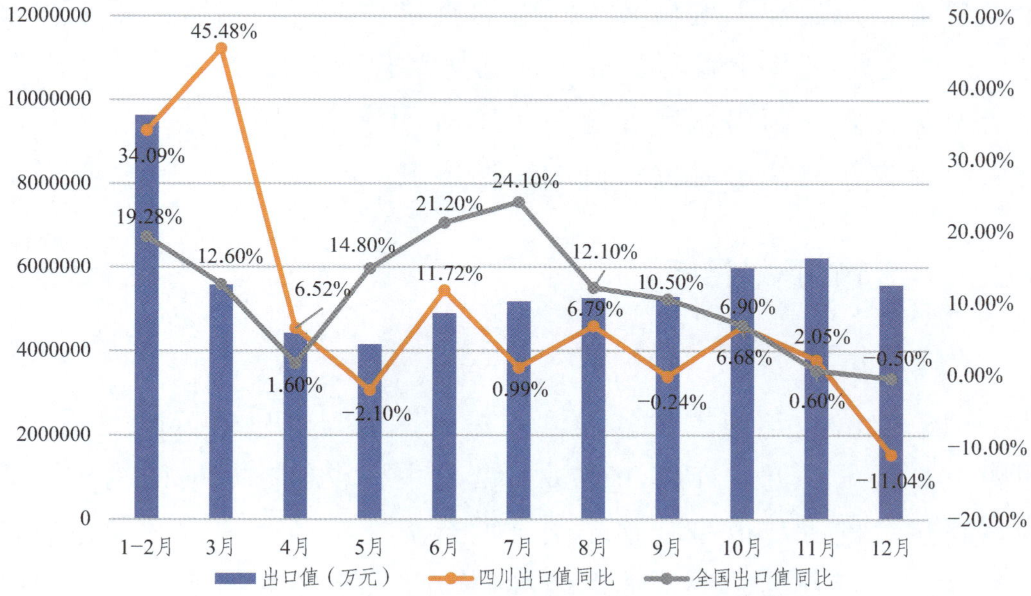

图 9-3 2022 年四川省出口值月度分布

如图 9-4 所示，2022 年各月的进口值中，仅 5 月、6 月、9 月、11 月和 12 月为负增长，9 月的增长率最低，为 -7.43%，增长率最高的是 1～2 月，比同期全国增长率高出 10.46 个百分点。

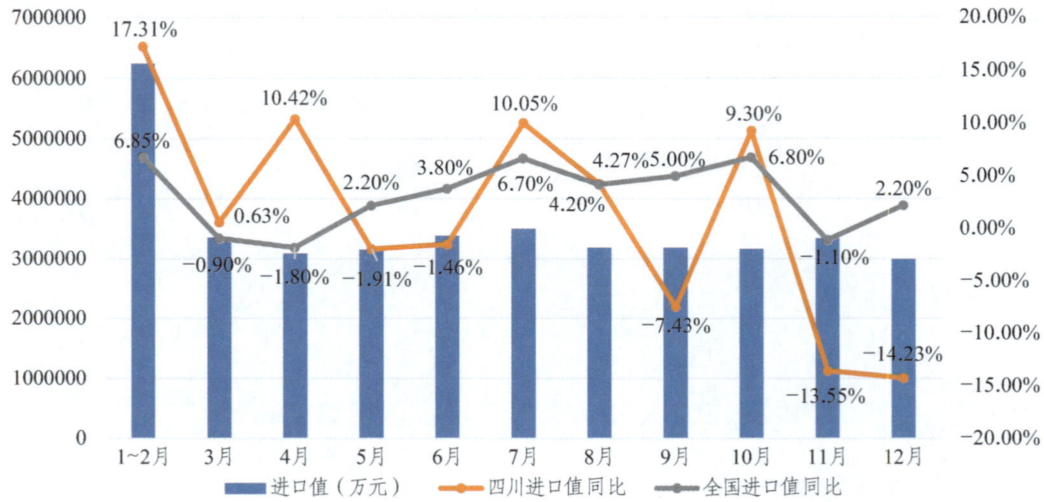

图 9-4　2022 年四川省进口值月度分布

根据 2022 年进出口贸易值月度分布情况，5 月、9 月和 12 月四川省进出口贸易值均呈现同比下降状态，其中，5 月主要是受缺芯影响，叠加疫情下物流运转不畅、原材料供应不足等因素，直接导致电子信息产品加工贸易减少，进而直接拉低了四川省外贸总体增速；9 月主要是因疫情较多城市进行静默管理；12 月主要是由于防控措施优化之后国内城市普遍在年底前后首轮疫情达峰，导致劳动力供给受到暂时冲击对供给侧的短期影响。

9.2.2　运输方式分析

1. 整体分析

2018—2022 年四川省各运输方式出口值与进口值情况如图 9-5 和图 9-6 所示。近 5 年四川省进口贸易中，仅航空运输的进出口值和铁路运输的进口值呈现逐年上升的趋势，其他运输方式的进出口值都存在一定程度的上下波动。如图 9-7 和图 9-8 所示，从运输结构看，近 5 年的进出口贸易中均是航空运输占比最大，特别是在进口贸易中，每年航空进口值的占比均高于 66%；其次是水路运输；公路和铁路运输的占比较小，铁路运输的进口值占比均小于 2%。

成都市坐拥双流国际机场、天府国际机场，地处内陆，没有出海口，速度快、运输效率高、覆盖面广的航空运输在国际贸易中的优势非常明显。

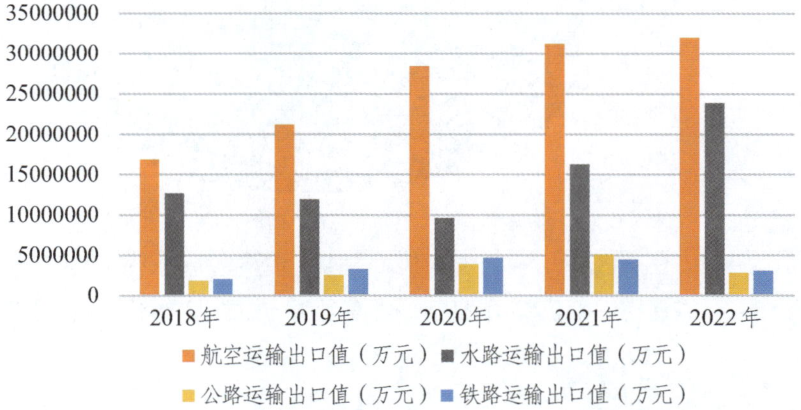

图 9-5　2018—2022 年四川省各运输方式出口值

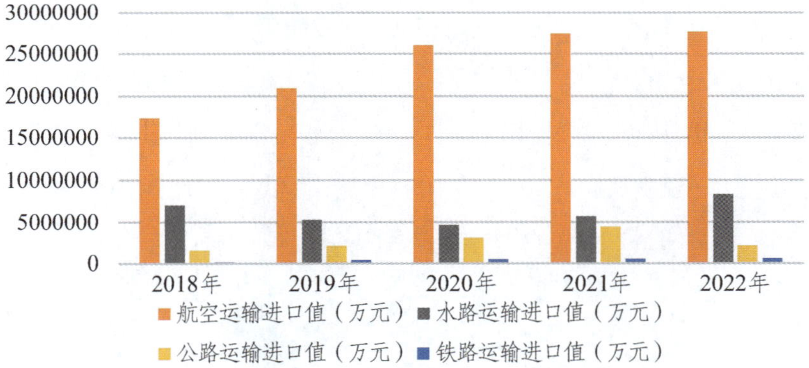

图 9-6　2018—2022 年四川省各运输方式进口值

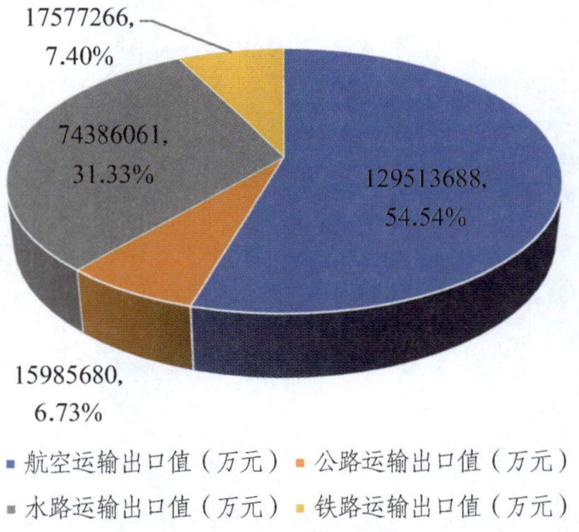

图 9-7　2018—2022 年四川省各运输方式累计出口值占比

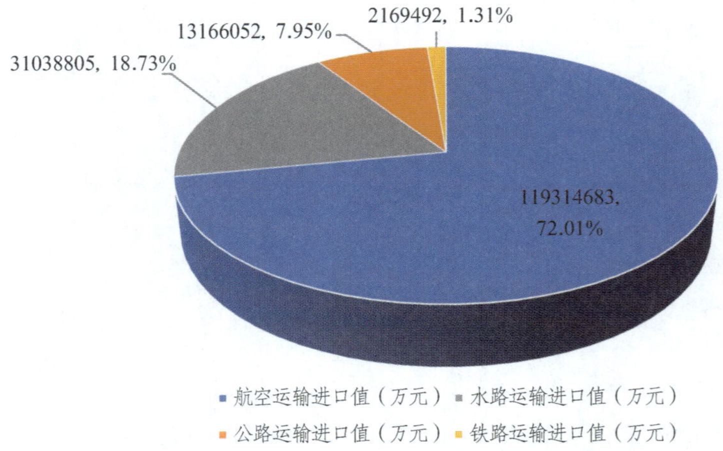

图 9-8　2018—2022 年四川省各运输方式累计进口值占比

2. 航空运输分析

如图 9-9 所示，2018—2022 年四川省航空运输的出口值呈现逐年上升趋势，年均增长率为 17.39%，2020 年的增长率最大，达到 33.40%；2022 年的增长率最低，为 2.50%。从运输结构来看，航空运输出口值在四川省总出口值中占比 55%左右，其中，2020 年的占比最高，达到 60.97%；2018 年的占比最低，为 50.48%。

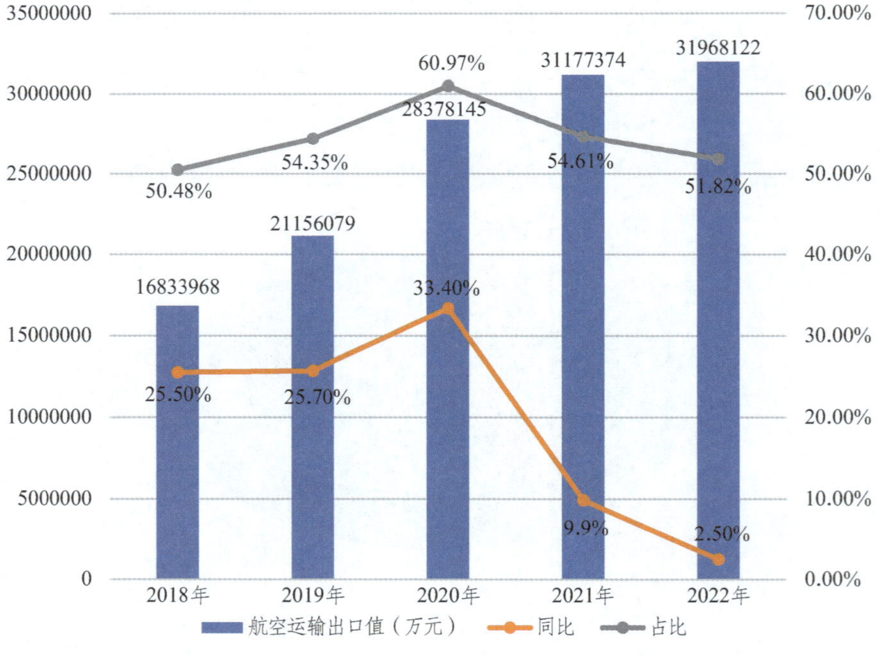

图 9-9　2018—2022 年四川省航空运输出口值

如图 9-10 所示，2018—2022 年四川省航空运输的进口值呈现逐年上升趋势，年均增长率为 12.21%，2020 年的增长率最高，达到 23.50%，2022 年的增长率最低，仅为 0.60%。从运输结构看，航空运输进口值在四川省总进口值中占比最高，2018 年的占比为 66.62%，其他年份占比均大于 70%。

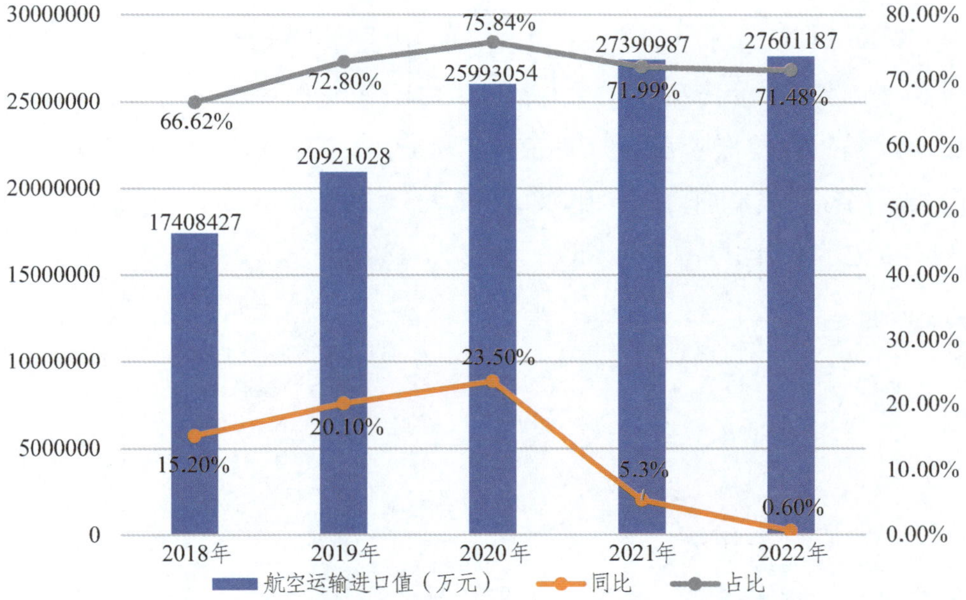

图 9-10　2018—2022 年四川省航空运输进口值

截至 2022 年年底，成都市累计开通国际（地区）航线数量 131 条，航线数量、质量稳居中西部前列，基本形成覆盖北美洲、欧洲、非洲、大洋洲及亚洲的重要枢纽城市的航空客货运骨干航线网络，航线网络结构持续优化提升。成都双流国际机场口岸已聚集冰鲜水产品、食用水生动物、水果、植物种苗、肉类、药品、生物制品 7 大空运进境指定监管场地（口岸），是中西部地区进境指定监管场地（口岸）门类最齐全的空运进境口岸。2022 年，双流机场实现货邮吞吐量 53.0 万吨，其中，国际（地区）货邮吞吐量 22.19 万吨，同比增长 54.53%。《成都市双流区实施帮扶企业“七大行动”》在“国际口岸提能升级”行动中提到，机场的国际货站设施将进行扩能改造，将新增货物年处理能力 10 万吨，其中，新增进港货物年处理能力约 4 万吨、出港货物年处理能力约 6 万吨。2021 年 3 月，成都天府国际机场口岸获国务院批复对外开放，2022 年 3 月完成对外开放省级验收并向国家口岸办申请正式验收，经过双流机场的扩能改造和天府国际机场的口岸验收通过后，航空运输在进出口贸易中还能进一步发挥其优势。

2. 水路运输分析

如图 9-11 所示，2018—2022 年四川省水路运输出口值呈上下波动的趋势，年均增长率为 17.16%，2021 年增长率最高，达到 69.7%，2020 年增长率最低，为 – 19.60%。从运输结构来看，水路运输出口值在四川省总出口值中占比波动较大，2022 年的占比最高，达到 38.41%；2020 年的占比最低，为 20.64%。

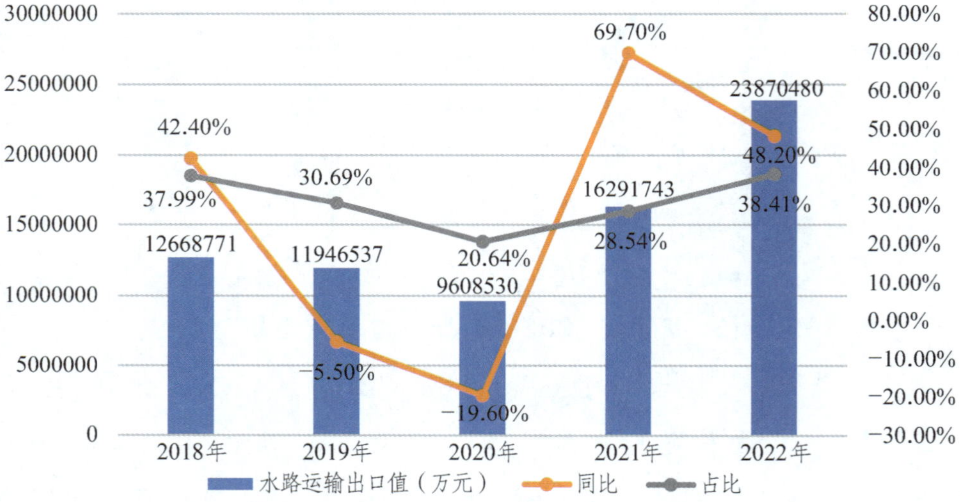

图 9-11　2018—2022 年四川省水路运输出口值

如图 9-12 所示，2018—2022 年四川省水路运输进口值呈现先下降再上升的趋势，年均增长率为 4.35%，2018 年和 2022 年的增长率均超过 40%；2019 年的增长率最低，为 – 24.7%。从运输结构来看，水路运输进口值在四川省总进口值中占比在 20%左右，其中，2018 年的占比最高，达到 26.91%；2020 年的占比最低，为 13.65%。

为促进四川省外贸保稳提质，2022 年 5 月成都市海关制定出台了 13 条措施助企纾困，其中，在四川省各港口大力推广的“直提直装”模式，即包含了针对进口的“船边直提”模式和针对出口的“抵港直装”模式。通过模式创新，最大程度确保外贸物流链供应链畅通无阻，更好地盘活四川省各水港的运力资源。“直提直装”业务已拓展到泸州港、宜宾港，覆盖了四川省所有已开展进出口业务的水运港口。2022 年水路运输的进出口值增长率均超过 45%，说明各级政府助企纾困一系列政策措施取得实效。

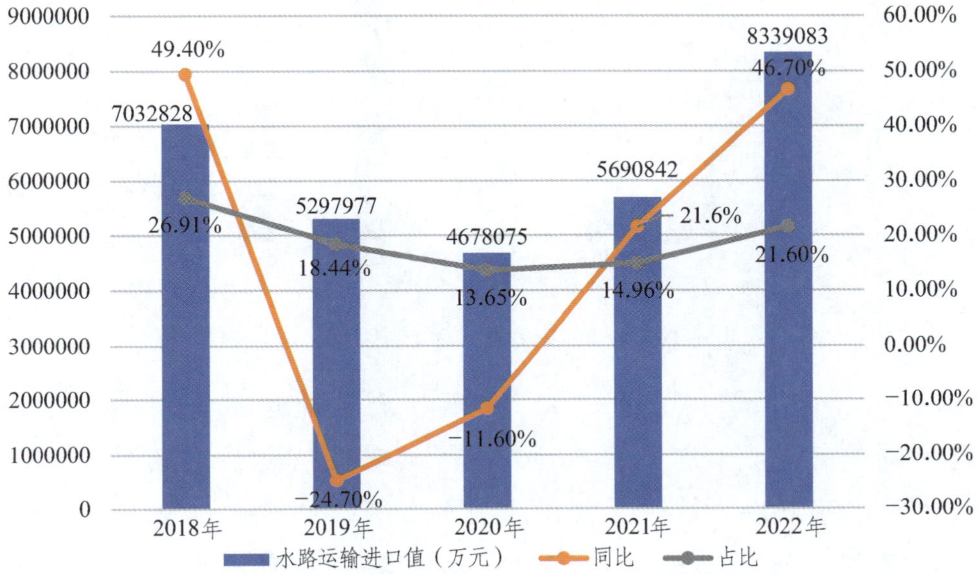

图 9-12　2018—2022 年四川省水路运输进口值

水路运输在进出口贸易中的占比排第 2，特别在出口贸易中，占比在 30%左右，而在各运输方式周转量的占比中，水路运输的占比仅 10%左右，说明进出口贸易中，四川省的水运企业仅承担了短途运输，需提升航道等级，培育水运龙头企业，依托长江黄金水道和沿江铁路，完善江海联运、铁海联运、公铁联运服务体系，提升航运平均里程和货物周转量。

3. 公路运输分析

如图 9-13 所示，2018—2022 年四川省公路运输的出口值呈现先上升后下降的趋势，年均增长率为 11.13%，2018—2021 年均呈现正增长，2020 年增长率最高，达到 54.10%；2022 年呈现负增长，增长率为－45.7%。从运输结构来看，公路运输的出口值在四川省总出口值中的占比波动较大，2021 年的占比最高，为 8.91%；2022 年的占比最低，为 4.44%。

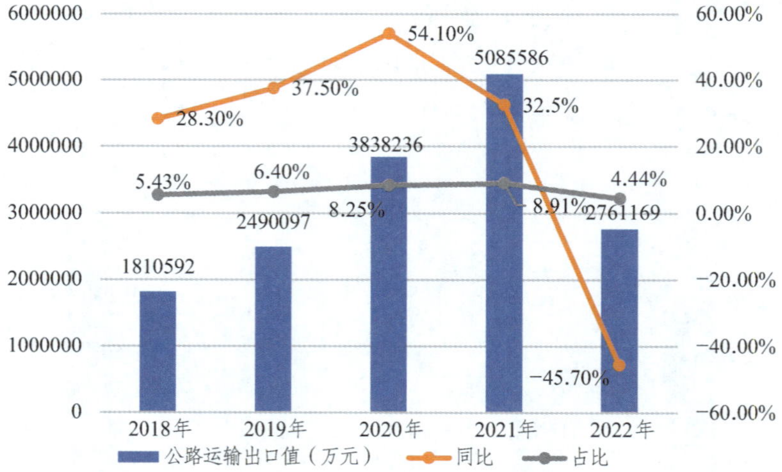

图 9-13　2018—2022 年四川省公路运输出口值

如图 9-14 所示，2018—2022 年四川省公路运输进口值呈现先上升再下降的趋势，年均增长率为 7.97%，增长幅度最大的是 2018 年，增长率达 105.60%；下降幅度最大的是 2022 年，增长率为 – 53.50%。从运输结构来看，公路运输的进口值在四川省总进口值中占比波动也较大，其中，2021 年的占比最高，为 11.61%；2022 年的占比最低，为 5.36%。

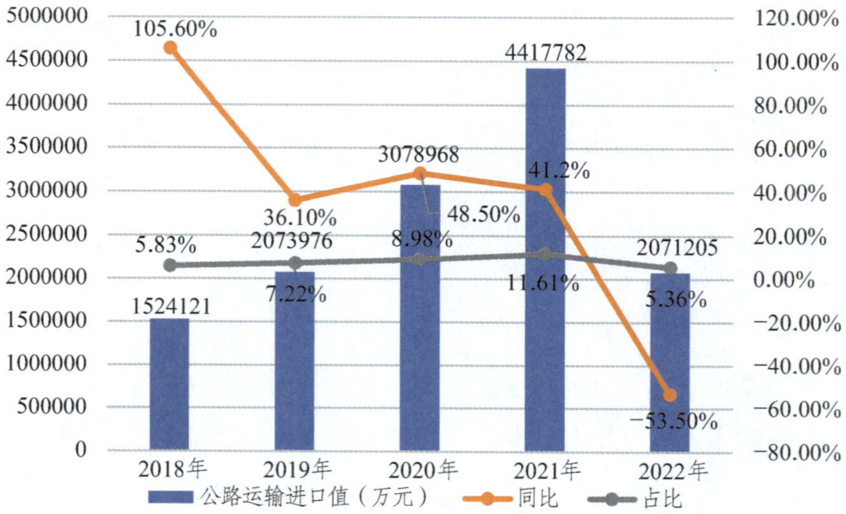

图 9-14　2018—2022 年四川省公路运输进口值

公路运输的特点决定了它最适合中短途运输，在国际贸易中优势并不明显。公路运输可以与其他运输方式衔接起来进行联合运输，也可以独立完成进出口货物运输的全过程。2022 年公路运输的进出口值下降幅度均超过 40%，说明在疫情背景下，公路运输在国际贸易中受影响较大。根据《四川省加强成渝地区双城经济圈交通基础设施建设规划》，目前四川省将打造以成都市为重点的集散枢纽、联通亚欧大陆的国际道路运输新通道，做强四川经新疆至中亚、俄罗斯及欧洲的西向、北向跨境道路货运线路，打通四川经广西、云南至东南亚的南向跨境道路货运线路。随着疫情防控全面放开，《国际公路运输公约》在川落地及四川跨境公路运输集散中心的建成，公路运输在进出口贸易中还会迎来新的机遇。

4. 铁路运输

如图 9-15 所示，2018—2022 年四川省铁路运输的出口值呈现先上升再下降的趋势，年均增长率为 11.01%，2018—2020 年呈现正增长，2019 年的增长率最大，达到 61.50%；2021 年和 2022 年呈现负增长，2022 年的下降幅度最大，增长率为 - 30.80%。从运输结构来看，铁路运输的出口值在四川省总出口值中占比波动较大，2020 年的占比最高，为 10.09%；2022 年的占比最低，为 4.97%。

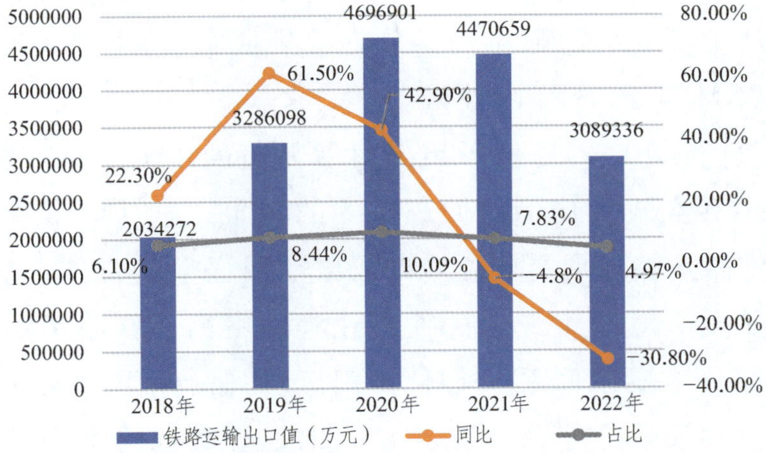

图 9-15 2018—2022 年四川省铁路运输出口值

如图 9-16 所示，2018—2022 年四川省铁路运输进口值呈现逐年上升趋势，年均增长率为 40.60%，2019 年增长率最高，达到 169.00%；2021 年增长率最低，仅 7.06%。从运输结构来看，铁路运输进口值在四川省总进口值中占比逐年上升，但是占比一直不高，其中，2022 年的占比最高，为 1.52%；2018 年的占比最低，为 0.57%。

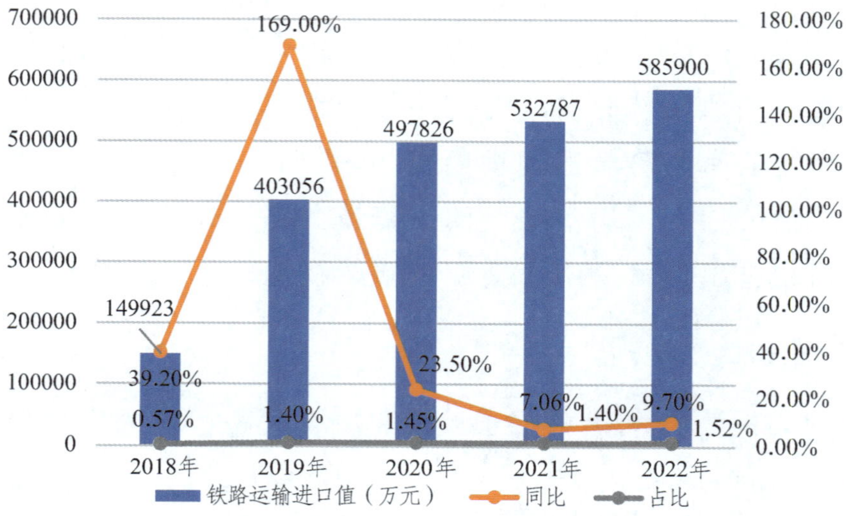

图 9-16　2018—2022 年四川省铁路运输进口值

成都国际铁路枢纽已形成中欧（亚）班列、西部陆海新通道班列、中老（越）班列等多向度班列协同运行格局，初步建立起“西至欧洲、北至蒙俄、东联日韩、南拓东盟”的国际班列线路网络体系，畅联波兰罗兹、德国纽伦堡、荷兰蒂尔堡等 94 个境外城市，以及上海、钦州等 27 个境内城市。

铁路运输的进口贸易值不足出口贸易值的 1/5，说明铁路运输在国际贸易中存在较大比例的回程空载的现象，这使时效性高、周转快的国际铁路运输发展受到相应的局限。回程空载的主要原因包括：班列线路重复，竞争大，通关便利化程度不高，铁路运输范围有局限性，货源分散难以联系，集货难等。班列沿途国家大多与中国长期存在进出口贸易不平衡现象，班列的返程货源得不到满足，由此造成的返程空载现象则难以在短时间内得到根本性解决。

9.2.3 贸易对象分析

1. 整体分析

如图 9-17 和图 9-18 所示，2018—2022 年四川省对各大洲出口贸易中，对北美洲和非洲的出口值呈现上下波动趋势；对其他大洲的出口值均呈现逐年上升趋势，在进口贸易中，对亚洲、欧洲和北美洲的进口值呈现先增长后下降的趋势，对其他大洲进口值呈上下波动趋势。

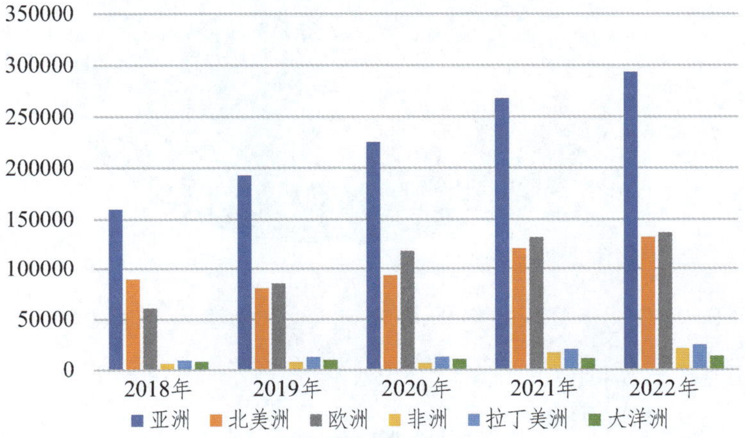

图 9-17　2018—2022 年四川省对各大洲出口值（万元）

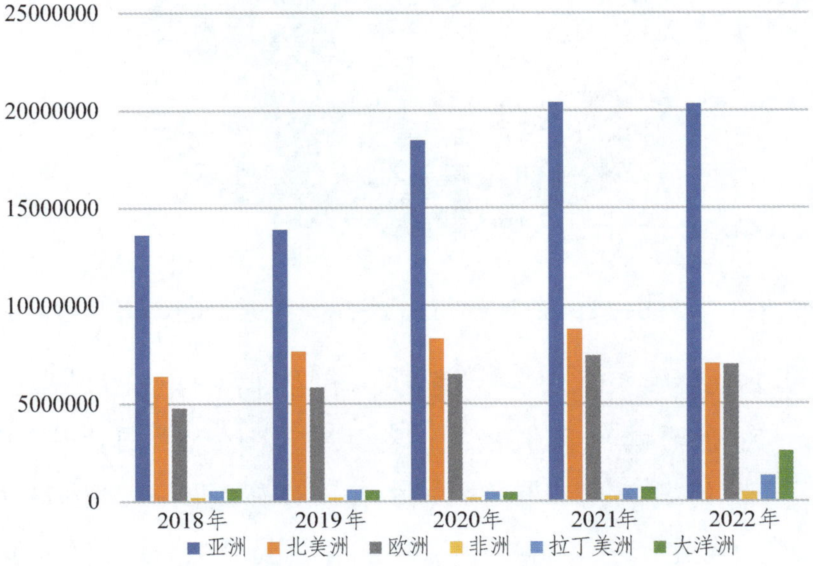

图 9-18　2018—2022 年四川省对各大洲进口值（万元）

如图 9-19 和图 9-20 所示，2018—2022 年四川省对各大洲进出口贸易中，对亚洲累计进出口值占比最大，分别为 52.32%和 47.91%，其次是对北美洲和欧洲，对这三大洲的累计出口值占比之和达到 91.96%，累计进口值占比之和达到 94.25%，对拉丁美洲、大洋洲和非洲的累计进出口贸易值占比均较小。

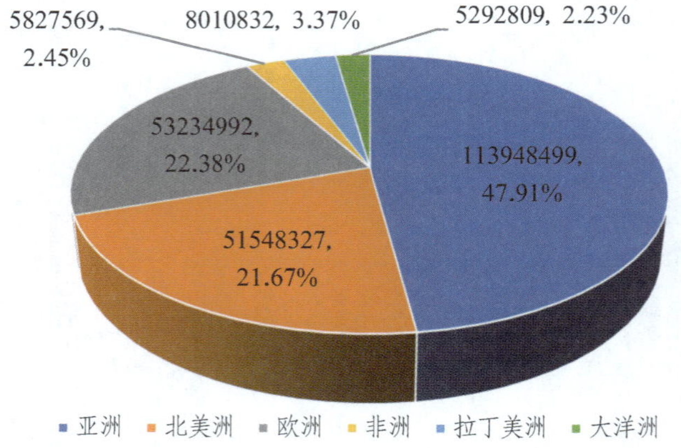

图 9-19　2018—2022 年四川省对各大洲累计出口值（万元）

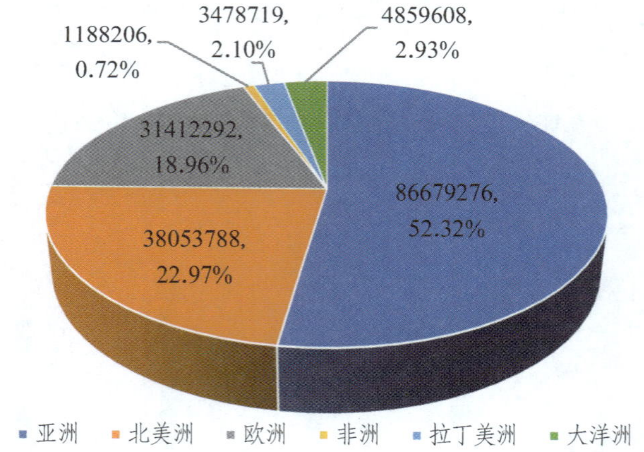

图 9-20　2018—2022 年四川省对各大洲累计进口值（万元）

如图 9-21 所示，2022 年，美国、东盟和欧盟是四川省的前 3 大贸易伙伴，对东盟的出口值最大，达 1347.8 亿元，同比增加 2.88%，占同期四川省外贸总出口值的 21.69%；对美国的进口值最大，达到 689.3 亿元，同比下降 20.43%。对三大贸易伙伴的出口值和进口值分别占同期四川省外贸出口值和进口值的 59.22%和 46.84%，占比相较 2021 年分别下降 2.73 和 6.73 个百分点。

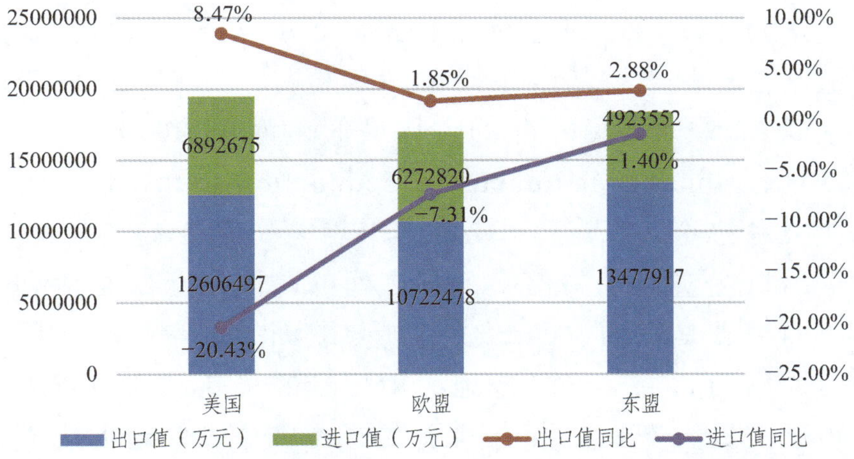

图 9-21　2022 年四川省三大贸易伙伴进出口贸易值

2. 对亚洲进出口值分析

如图 9-22 所示，2018—2022 年四川省对亚洲的出口值呈现逐年上升趋势，年均增长率为 16.37%，2022 年的增长率最低，仅 9.57%。从总体占比来看，对亚洲的出口值在四川省总出口值中占比最大，且较为稳定，基本保持在 48%左右，其中，2019 年的占比最高，达到 49.58%；2021 年的占比最低，为 47.06%。

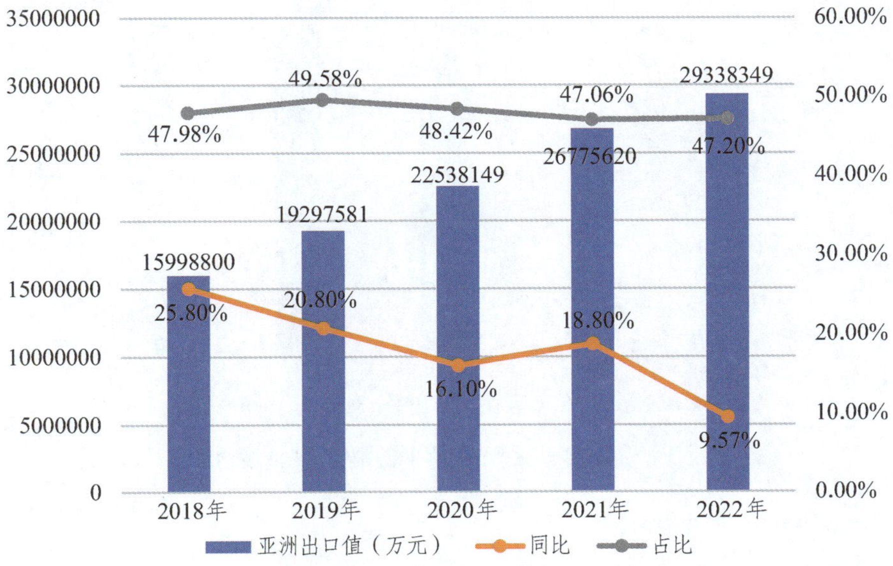

图 9-22　2018—2022 年四川省对亚洲出口值

如图 9-23 所示，2018—2022 年四川省对亚洲的进口值整体呈现上升趋势，仅 2022 年的增长率为 – 0.37%，其他年份均为正增长，年均增长率为 10.59%。从总体占比来看，对亚洲的进口值在四川省总进口值中占比最大，基本保持在 50%左右，其中，2020 年的占比最高，达到 53.85%；2019 年的占比最低，为 48.30%。

RCEP（Regional Comprehensive Economic Partnership，区域全面经济伙伴关系协定）实施后，成员国平均关税率 3%左右，多达 92%的商品进出口会实现零关税，15 国之间的跨国生产经营流动性将极大提升，四川省是联通 RCEP 成员国与欧洲的“十字枢纽”，也是我国西向、南向货物的必经之地，RCEP 的实施对四川省来说是外贸外资领域的重大契机，既有利于发挥人口众多的超大规模市场作用，也可在扩大与 RCEP 成员国贸易中发挥枢纽节点作用，在 2022 年四川省对亚洲的进出口值中，对东盟的进出口值分别占 24.21%、45.94%，东盟是成为四川省在 RCEP 缔约方中的最大贸易伙伴，除东盟外，RCEP 成员国中的日本、韩国也是亚洲国家中四川省重要的贸易伙伴，因此，RCEP 实施带来的政策红利会使四川省与亚洲国家的对外贸易值进一步增长。

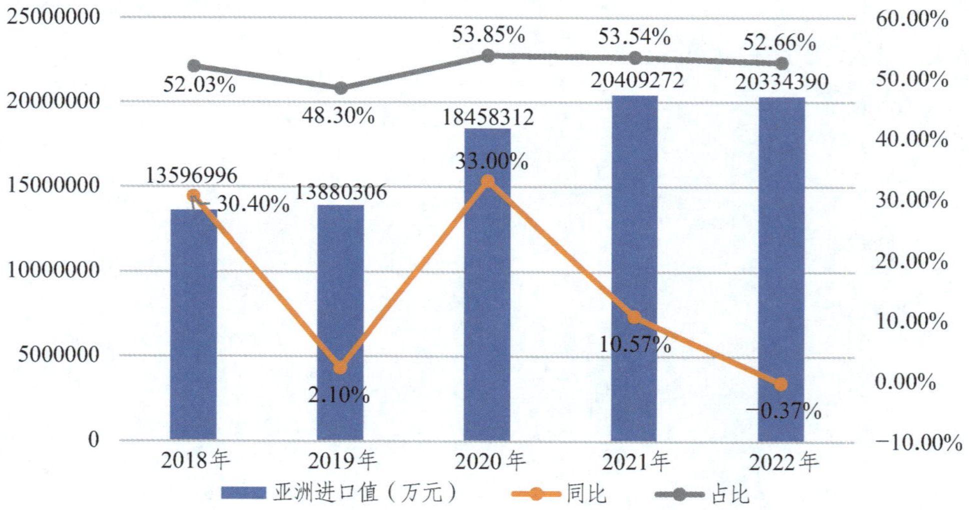

图 9-23　2018—2022 年四川省对亚洲进口值

3. 欧洲进出口值分析

如图 9-24 所示，2018—2022 年四川省对欧洲的出口值呈现逐年上升趋势，年均增长率为 22.42%，2019 年增长率最大，达到 40.40%；

2022 年的增长率最低，仅 3.53%。从总体占比来看，对欧洲的出口值约占四川省总出口值的 20%，其中，2020 年最高，达到 25.27%；2018 年最低，为 18.24%。

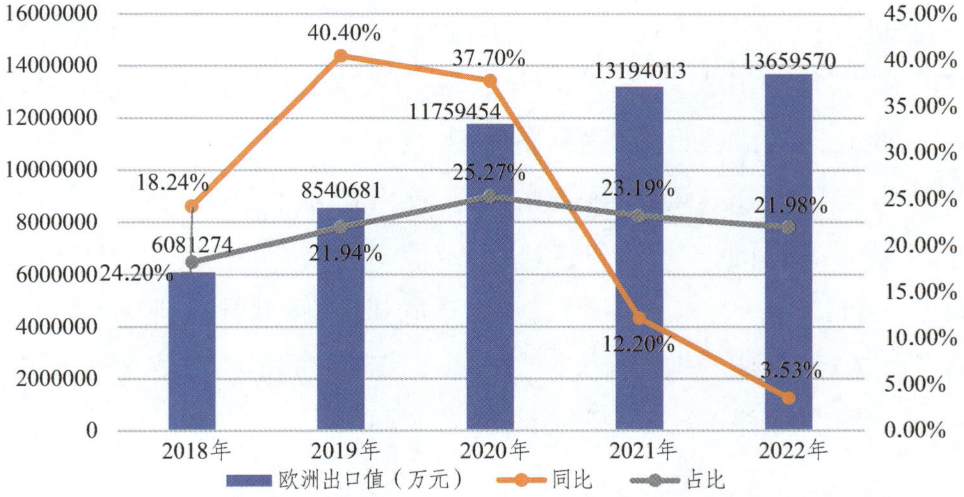

图 9-24　2018—2022 年四川省对欧洲出口值

如图 9-25 所示，2018—2022 年对欧洲的进口值呈现先上升再下降的趋势，年均增长率为 9.99%，2018 年的增长率最高，达到 35.80%；2022 年的增长率最低，为 - 5.57%。从总体占比来看，对欧洲的进口值在四川省总进口值中占比较为稳定，基本保持在 19% 左右，其中，2019 年的占比最高，为 20.22%；2022 年的占比最低，为 18.06%。

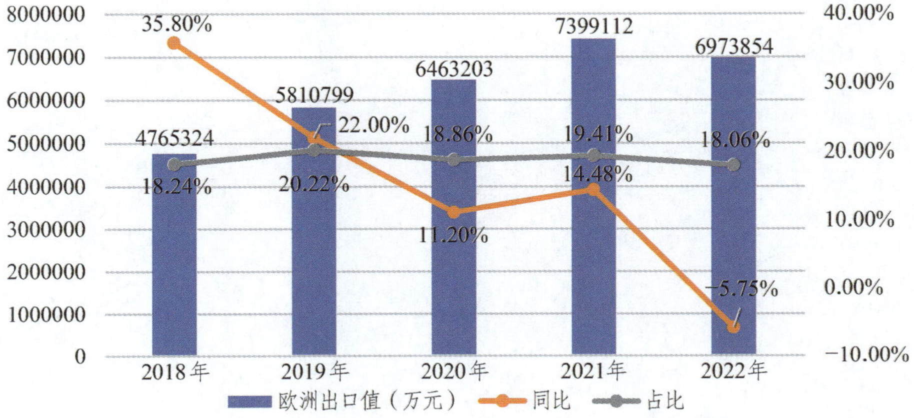

图 9-25　2018—2022 年四川省对欧洲进口值

欧盟是四川省第 3 大贸易伙伴，2022 年四川省对欧洲的进出口值中，欧盟的进出口值分别占 89.95%、78.50%，四川省与欧盟双边贸易额达到 1699.5 亿元，占四川省进出口总值的 16.9%，其中，具备运时短、成本低、运能大、零接触、经济环保、安全高效等优势的中欧班列为四川省与欧洲国家贸易往来提供了便捷的陆路通道，推动了四川省与欧洲国家贸易的紧密性。但是，受俄乌冲突影响，欧洲深陷能源危机，对国际贸易带来较大影响，2022 年四川省对欧洲进出口贸易额同比下降 1.73%，需要针对不同企业、不同行业搭建深度对接交流平台，掌握欧洲能源危机下四川省企业对欧进出口情况及困难，组织企业出国参展参会，架好桥梁、搭好平台、优化服务，引领企业进一步开拓欧洲市场。

4. 对北美洲进出口值分析

如图 9-26 所示，2018—2022 年四川省对北美洲的出口值中，仅 2019 年呈现下降趋势，其他年份均呈现逐年上升趋势，年均增长率为 10.32%。从总体占比来看，对北美洲的出口值占四川省总出口值的 22%左右，其中，2018 年的占比最高，达到 26.74%；2020 年的占比最低，为 20.0%。

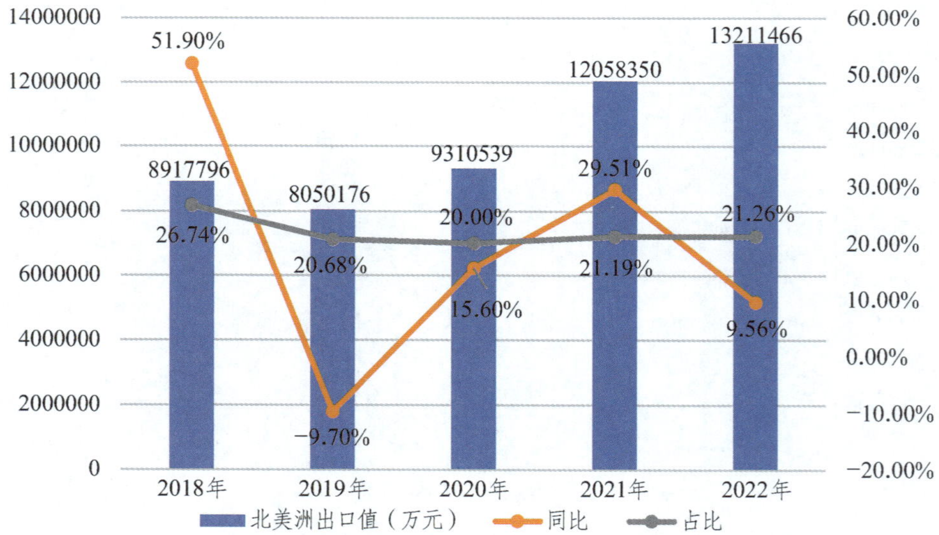

图 9-26　2018—2022 年四川省对北美洲出口值

如图 9-27 所示，2018—2022 年四川省对北美洲的进口值呈现先上升后下降的趋势，仅 2022 年为负增长，年均增长率为 7.70%。从总体占比来看，对北美洲的进口值占四川省总进口值中的 23%左右，其中，2019 年的占比最高，达到 26.53%；2022 年的占比最低，为 21.73%。

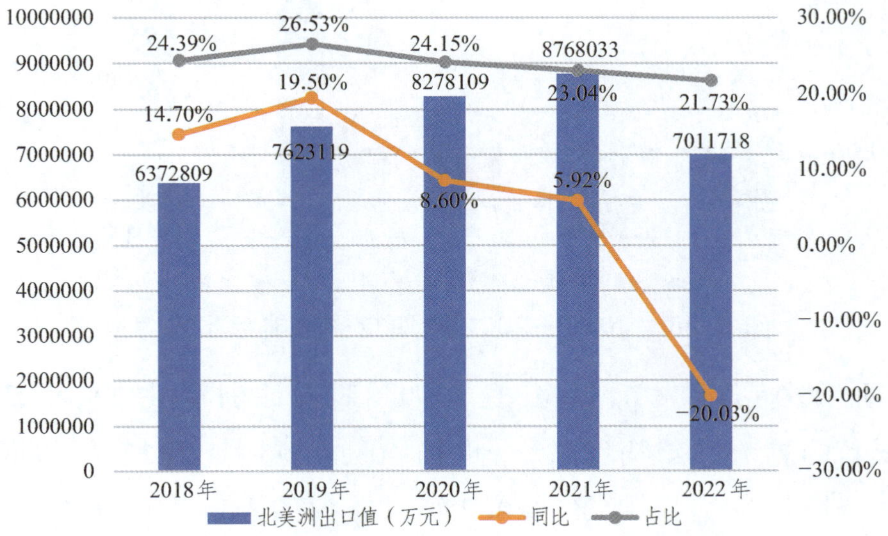

图 9-27　2018—2022 年四川省北美洲进口值

2022 年，美国是四川省最大的贸易伙伴，对北美洲的进出口值中，美国的进出口值分别占 98.30%、95.42%，2022 年四川省与美国双边贸易额达到 1 949.9 亿元，下降 3.87%，占四川省进出口总值的 19.27%，占比相较 2021 年下降 2.00 个百分点。2022 年四川省对美国的进口值出现较大幅度的下降，这说明我国对美国的相关产品依赖程度下降。

5. **对非洲进出口值分析**

如图 9-28 所示，2018—2022 年四川省对非洲的出口值呈现上下波动的趋势，年均增长率为 36.88%，2021 年呈现大幅增长状态，增长率达到 172.91%，2022 年对非洲的出口值达到 2018 年的 3.51 倍。从总体占比来看，对非洲的出口值在四川省总出口值中占比较小，基本在 2%左右，其中，2022 年占比最高，为 3.40%；2020 年占比最低，为 1.35%。

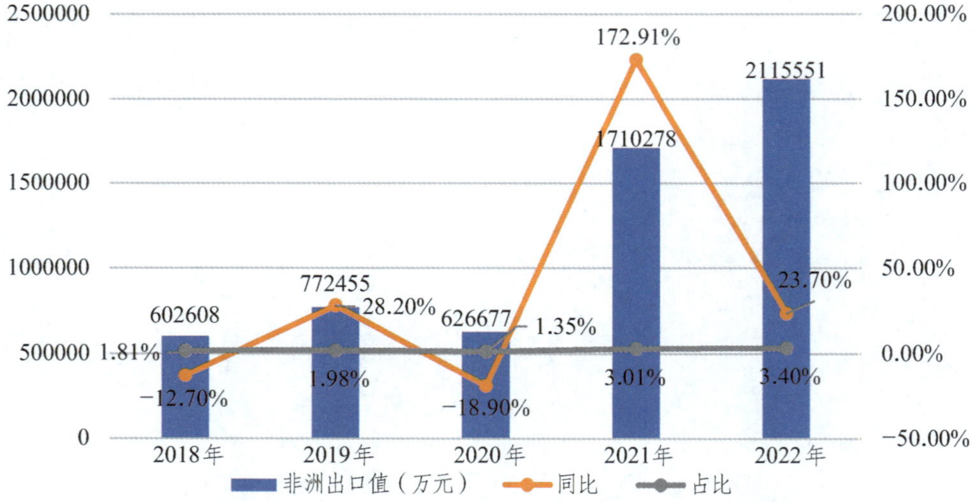

图 9-28 2018—2022 年四川省对非洲出口值

如图 9-29 所示，2018—2022 年四川省对非洲的进口值也呈现出上下波动的趋势，年均增长率为 30.40%。其中，2022 年的增长幅度最大，增长率达 93.45%，2022 年对非洲的进口值达到 2018 年的 2.67 倍。从总体占比来看，对非洲的进口值在四川省总进口值中占比非常小，除 2022 年为 1.38%外，其他年份均小于 1%，2020 年占比最低，仅 0.48%。

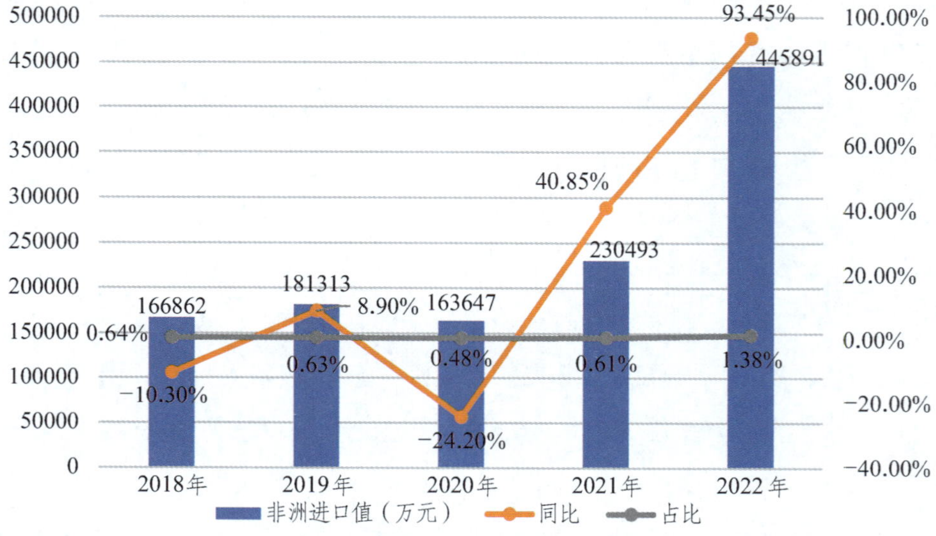

图 9-29 2018—2022 年四川省对非洲进口值

在共建“一带一路”倡议推动下，中非经贸合作日益密切、贸易规模稳步扩大，中国已经连续 13 年保持非洲最大贸易伙伴国地位，2021 年和 2022 年中非贸易额及同比增长率均创历史新高。中国以高质高效的实际行动，给非洲发展带来实实在在的收益和机遇，赢得扎扎实实的好口碑。2022 年，中方提出“非洲之角和平发展构想”，率先支持非洲联盟加入二十国集团，都受到非方欢迎。2023 年，虽然外部环境更加复杂，但中非共同秉持命运共同体理念，必将进一步推进共建“一带一路”倡议与非洲发展战略对接，全面深化各领域合作，取得更多成果，惠及更多人民，中非贸易值也将继续创新高。

6. **对拉丁美洲进出口值分析**

如图 9-30 所示，2018—2022 年四川省对拉丁美洲的出口值基本呈现上升趋势，年均增长率为 27.65%，2022 年对拉丁美洲的出口值达到 2018 年的 2.66 倍。从总体占比来看，对拉丁美洲的出口值在四川省总出口值中的占比较小，基本在 3%左右，其中，2022 年的占比最高，为 4.00%；2020 年的占比最低，为 2.74%。

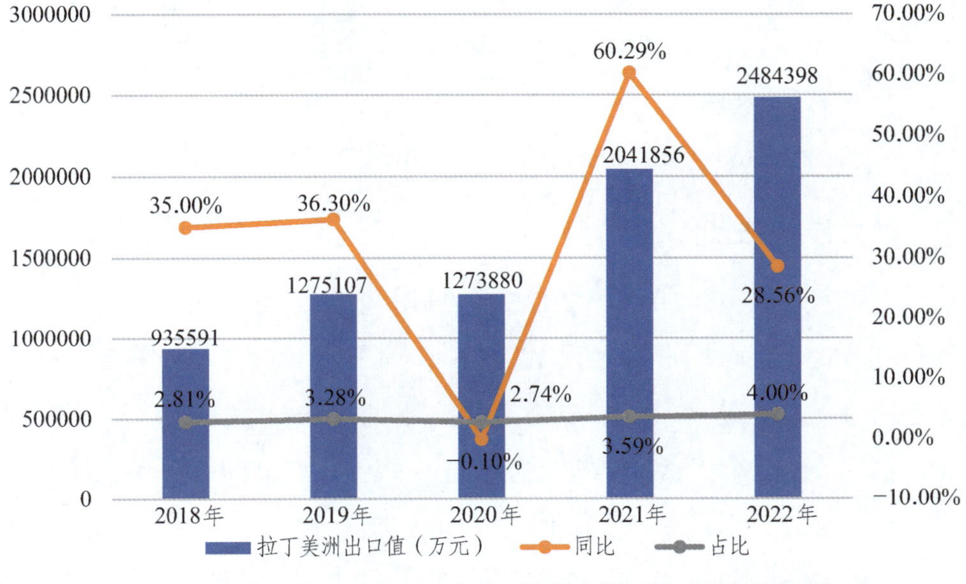

图 9-30　2018—2022 年四川省对拉丁美洲出口值

如图 9-31 所示，2018—2022 年四川省对拉丁美洲的进口值呈现上下波动的趋势，年均增长率为 25.53%，其中，2020 年呈现负增长，增长率为 -22.50%，2022 年的增长率最大，达到 110.70%，2022 年对拉丁美洲的进口值达到 2018 年的 2.48 倍。从总体占比来看，对拉丁美洲的进口值在四川省总进口值中的占比较小，基本在 2%左右，其中，2022 年的占比最高，为 3.36%；2020 年的占比最低，仅 1.33%。

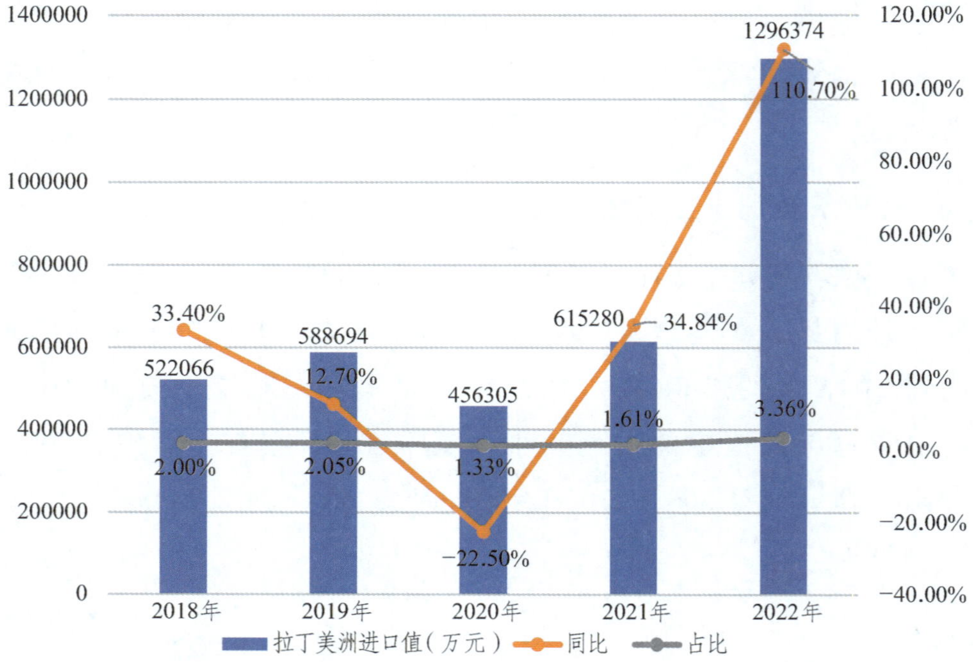

图 9-31　2018—2022 年四川省拉丁美洲进口值

7. 对大洋洲进出口值分析

如图 9-32 所示，2018—2022 年四川省对大洋洲的出口值呈现逐年上升趋势，年均增长率为 13.40%，其中，2018 年增长率最高，达到 57.40%。从总体占比来看，对拉丁美洲的出口值在四川省总出口值中的占比较小，基本在 2%左右，其中，2019 年的占比最高，为 2.54%；2021 年的占比最低，为 1.96%。

如图 9-33 所示，2018—2022 年四川省对大洋洲的进口值呈现上下波动的趋势，年均增长率为 40.73%，其中，2022 年的增长率最高，达到 271.11%，2022 年对大洋洲的进口值达到 2018 年的 3.92 倍。从各大洲构成比例来看，对大洋洲的进口值在四川省总进口值中占比波动较大，其中，2022 年的占比最高，达到 7.88%；2020 年的占比最低，为 1.27%。

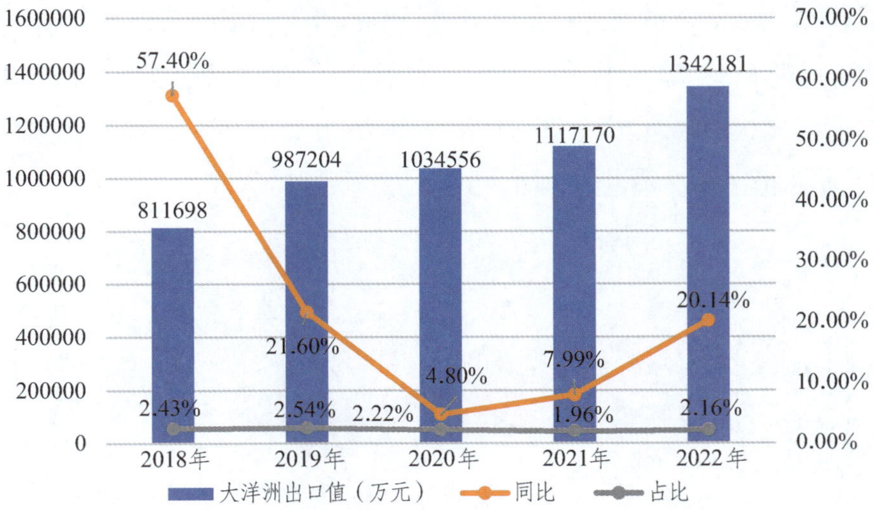

图 9-32 2018—2022 年四川省对大洋洲出口值

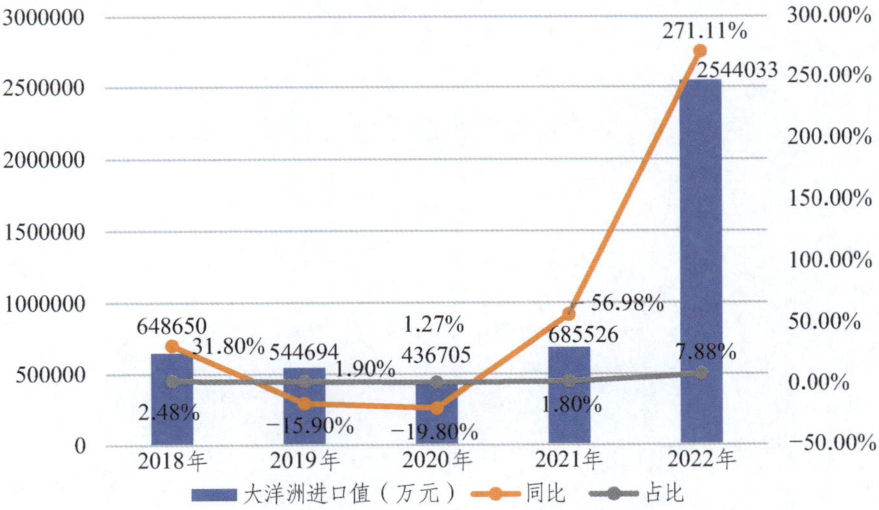

图 9-33 2018—2022 年四川省对大洋洲进口值

9.2.4 各地市（州）分析

如图 9-34 和图 9-35 所示，2022 年四川省各地市（州）进出口贸易中，成都市均占绝对优势，其出口值和进口值分别占四川省的80.53%和86.53%，宜宾市和绵阳市的进出口值均分别排第2和第3，甘孜州进出口值均排名最后。从同比增长率来看，21个地市（州）的出口值均呈现正增长，14个地市（州）的进口值同比呈现正增长，出口值增长率最高的是资阳市和攀枝花市，增长率达到120.90%和111.66%。进口值增长率最高的是甘孜州，增长率达到2175.0%。增长率超过100%的地市（州）还有雅安市、广元市和凉山州，增长率分别为680.6%、462.6%和196.4%。

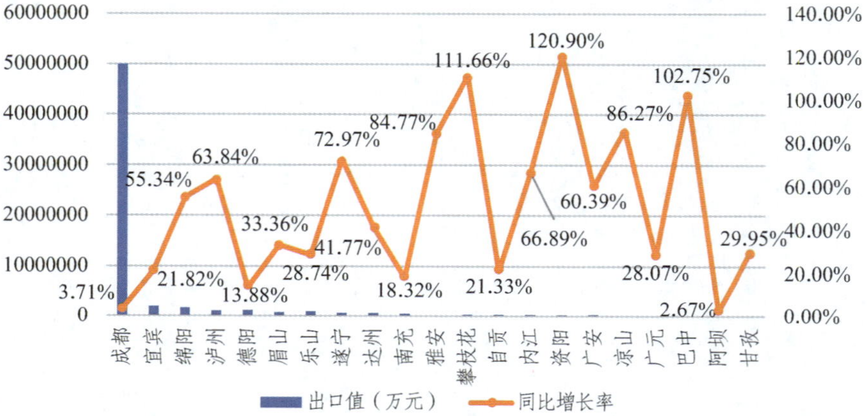

图 9-34　2022年四川省各地市（州）出口值

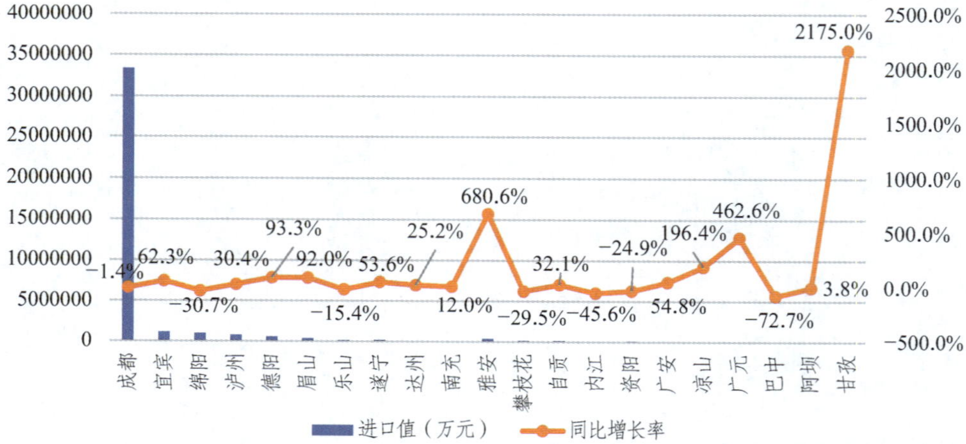

图 9-35　2022年四川省各地市（州）进口值

9.2.5 贸易品类分析

1. 整体分析

根据联合国《国际贸易标准分类》第3版，将商品分为原材料、半制品和制成品进行统计，原材料即初级产品，指第0～4类的产品，半制品指第6类的产品，制成品指第5类、第7类、第8类和第9类的产品，工业制品包括半制品和制成品。

如图9-36和图9-37所示，2022年四川省进出口贸易值中，以工业制品为主，特别是在出口贸易中，工业制品占比达到98.46%，说明四川省出口工业制品占主导地位，初级产品比重下滑，出口产品结构进一步优化。

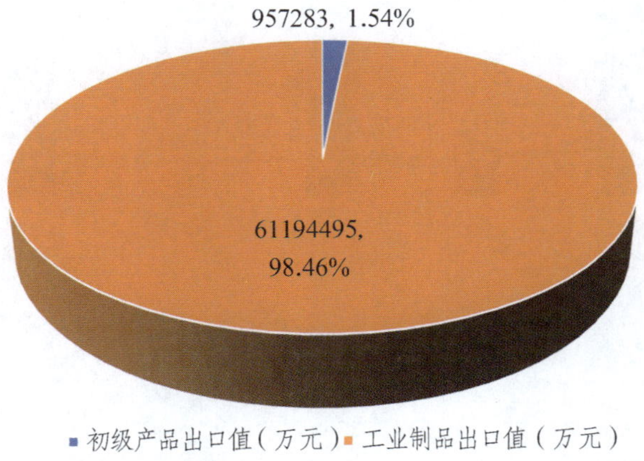

图9-36 2022年四川省出口值商品类别构成

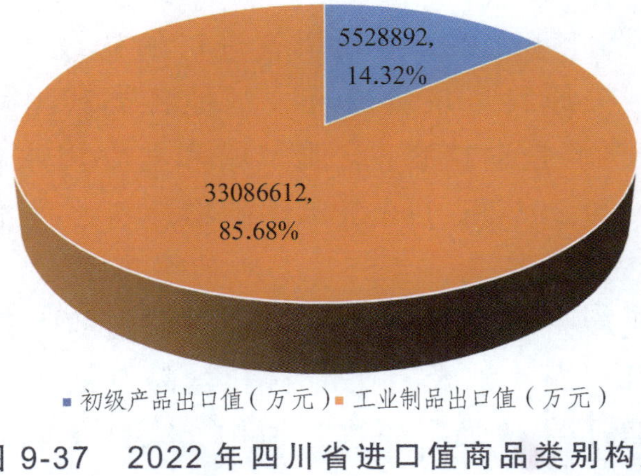

图9-37 2022年四川省进口值商品类别构成

2. 初级产品进出口值分析

如图 9-38 所示，在 2022 年四川省出口的初级产品中，仅非食用原料（燃料除外）呈现负增长，其他 4 类均呈现正增长，其中，矿物燃料、润滑油及有关原料增长率最高，达到 584.90%；非食用原料（燃料除外）的增长率最低，为 – 7.45%。从初级产品的构成占比来看，食品及活动物、动植物油的占比最高，为 42.33%；其次是脂及蜡和非使用原料，占比分别为 31.35%和 16.70%；在初级产品出口值中，矿物燃料、润滑油及有关原料的出口值最小，占比仅 0.21%。

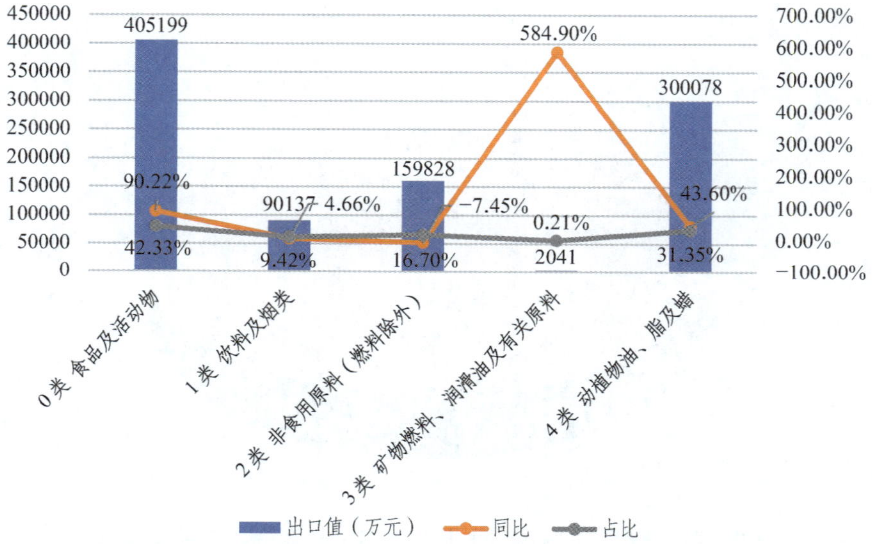

图 9-38　2022 年四川省各类初级产品出口值

如图 9-39 所示，在 2022 年四川省进口的初级产品中，仅矿物燃料、润滑油及有关原料呈现负增长，其他各类产品均呈现正增长，增长率超过 100%的是动植物油、脂及蜡和非食用原料（燃料除外），增长率分别为 139.39%和 110.20%，矿物燃料、润滑油及有关原料的增长率最低，增长率为 – 4.55%。从初级产品的构成来看，非食用原料的进口值最高，其在初级产品出口值中的占比达到 71.71%，其次是矿物燃料、润滑油及有关原料和食品及活动物，占比分别为 13.47%和 10.94%，在初级产品进口值中，饮料及烟类的进口值占比最小，仅为 0.56%。

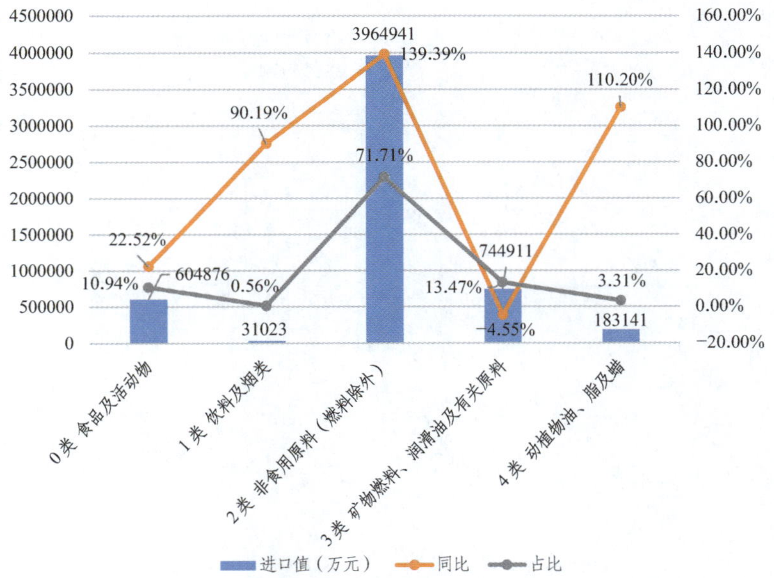

图 9-39　2022 年四川省各类初级产品进口值

3. 工业制品进出口值分析

如图 9-40 和图 9-41 所示，在 2022 年四川省进出口的工业制品中，除机械及运动设备进出口值同比呈现下降状态，其他工业制品均为正增长。从工业制品的构成情况来看，机械及运动设备进出口值占绝对优势，其出口值占工业制品出口值的 68.28%，其进口值占工业制品进口值的 86.49%。

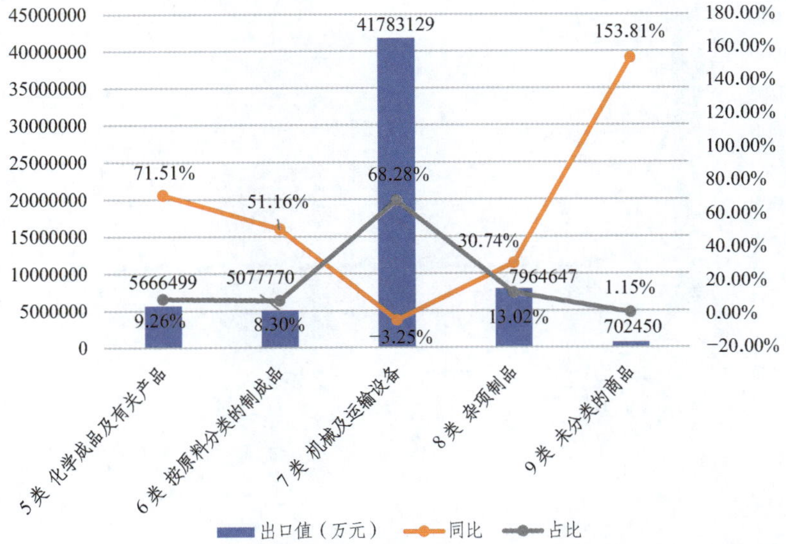

图 9-40　2022 年四川省各类工业制品的出口值

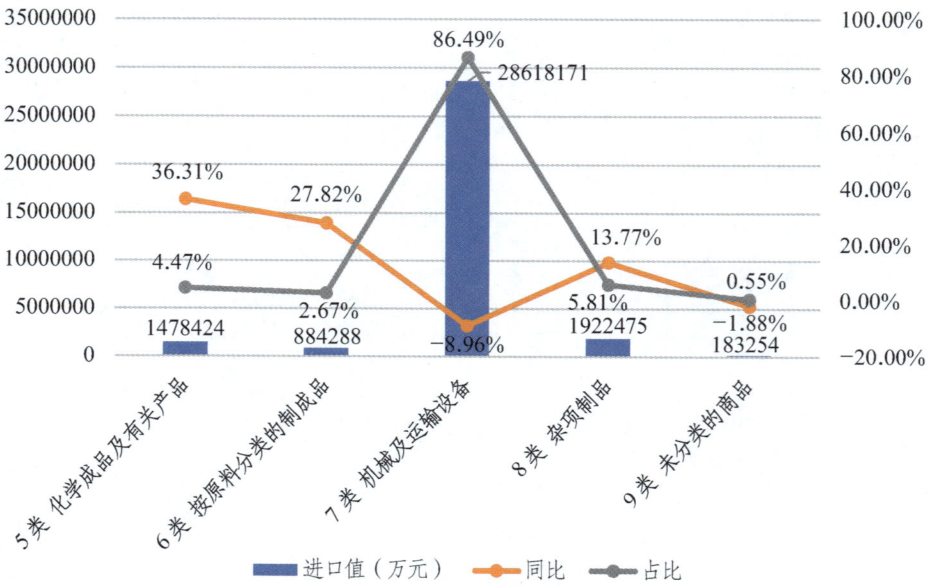

图 9-41　2022 年四川省各类工业制品的进口值

如图 9-42 和图 9-43 所示，在 2022 年四川省出口值占比超过 1% 的商品中，机电产品占主要地位，其出口值和进口值分别占 74.73% 和 79.01%。在出口商品中，钢材的同比增长率最高，达到 119.05%。在进口商品中，医药材及药品、金属矿及矿砂、基本有机化学品这 3 类产品的增长率均超过 100%。

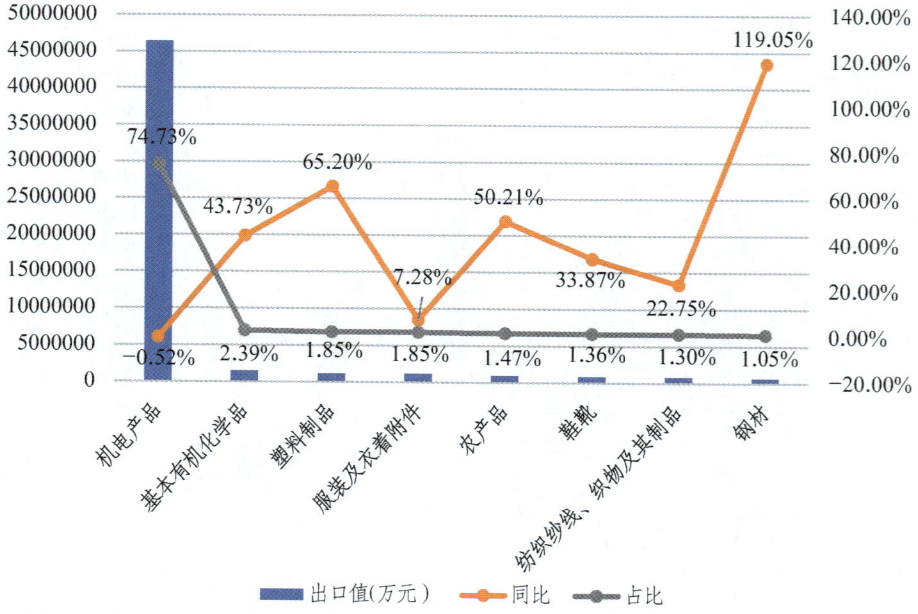

图 9-42　2022 年四川省出口主要商品（出口值占比超过 1%）

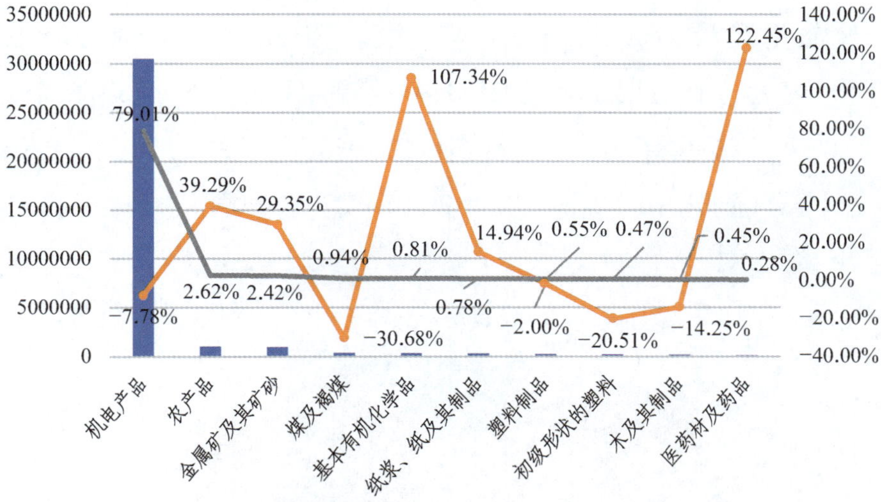

图 9-43　2022 年四川省进口主要商品

9.2.6　进出口企业分析

如图 9-44 所示，2018—2022 年四川省有进出口实绩的企业数量呈现逐年增长趋势，2019 年的增长率最大，达到 14.64%；2020 年的增长率最低，仅 2.76%；其他年份的增长率均大于 10%。2022 年，四川省有进出口实绩的企业 7387 家，与去年同期相比增加 673 家。

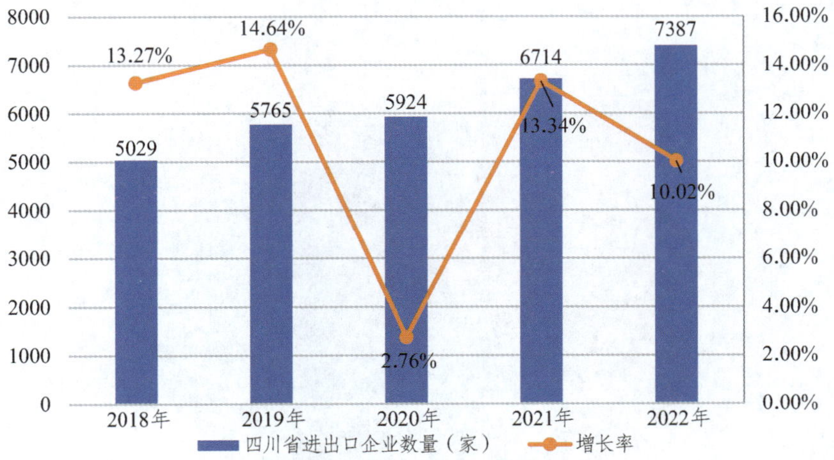

图 9-44　2018—2022 年四川省进出口企业数量

如图 9-45 所示，从 2022 年四川省有进出口实绩企业的数量情况看，民营企业数量最大，达到 6 493 家，较 2021 年增加 708 家，占比达到 87.90%，比 2021 年提升 1.74 个百分点；外商投资企业 546 家，比 2021 年减少了 12 家，占比 7.39%，比 2021 年下降 0.92 个百分点；国有企业 301 家，比 2021 年减少 27 家，占比 4.07%，比 2021 年下降 0.81 个百分点。

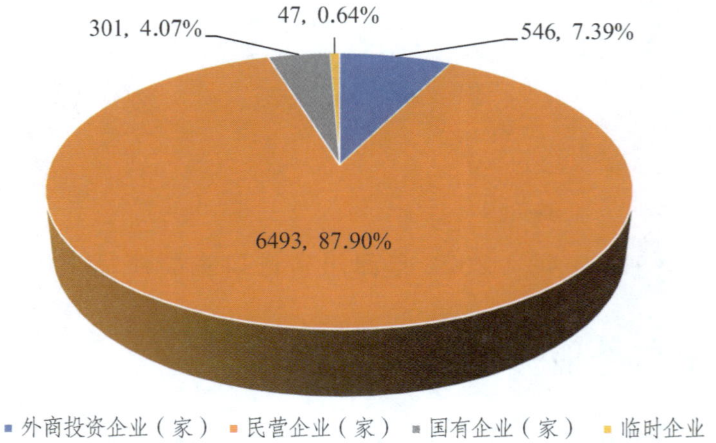

图 9-45　2022 年四川省进出口企业性质数量占比

如图 9-46 所示，从 2022 年四川省有进出口实绩企业的进出口值看，外商投资企业的进出口值占比最大，达到 57.04%，比 2021 年下降 7 个百分点；民营企业的进出口值占比为 34.22%，比 2021 年上升 6.08 个百分点；国有企业的进出口值占比为 8.72%，比 2021 年增加了 0.92 个百分点。

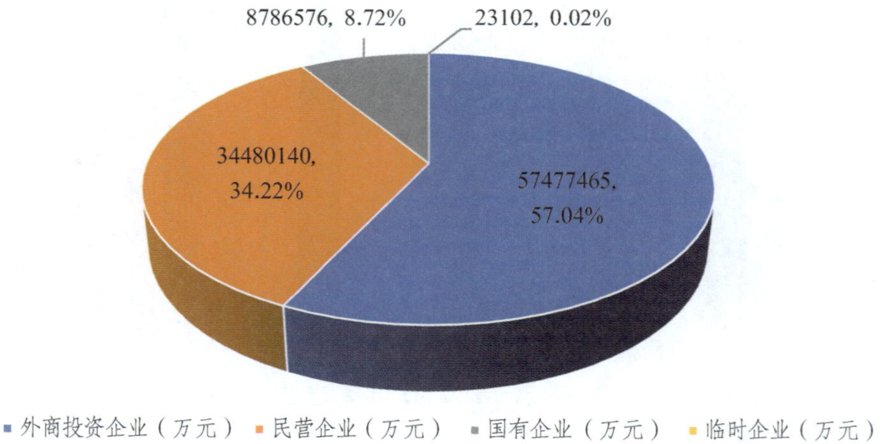

图 9-46　2022 年四川省进出口企业性质进出口值占比

2022 年，四川省出台了一系列减税降费、纾困解难的实招，有力激发了市场活力，贸易内生动力不断增强，民营企业进出口 3448.0 亿元，增长 29.7%，对四川省外贸增长的贡献率达 137.4%，成为四川省外贸增长的主引擎。民营企业数量占比达 87.90%，而民营企业的进出口值在四川省进出口总值的占比却仅为 34.22%，说明民营企业以“中小微”为主，整体竞争力较弱。建议出台相关支持政策，帮助中小微外贸企业防风险、降成本、增活力。在防风险方面，加大出口信用保险对中小微企业的服务支持力度，扩大信保覆盖面；在降成本方面，与国家税务总局等部门密切协作，推动持续加快出口退税进度，优化退税服务，进一步减轻企业的资金压力；在增活力方面，鼓励各类金融机构在依法合规、风险可控的前提下，加大对外贸企业特别是中小微企业的信贷支持力度。

10 邮政快递

10.1 邮政行业业务发展情况

10.1.1 业务分析

1. 业务发展情况

如图 10-1 所示，四川省 2018—2022 年邮政行业业务收入（不包括邮政储蓄银行直接营业收入，下同）呈现逐年上升趋势，年均增速为 13.09%，比全国年均增速（14.34%）低 1.25 个百分点，邮政行业规模稳步增长。2022 年由于受疫情影响，邮政行业业务收入增速比《四川省“十四五”邮政业发展规划（2021—2025 年）》中邮政行业业务收入年均目标增速（11%）略低。

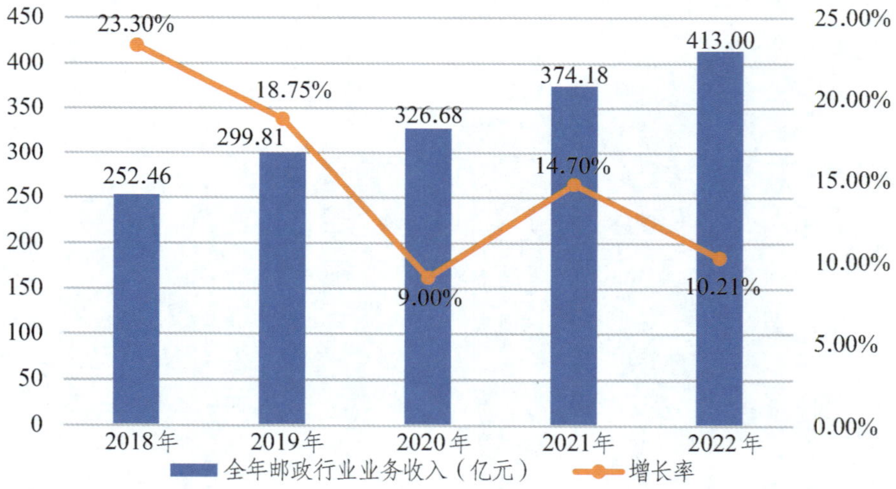

图 10-1 2018—2022 年四川省邮政行业业务收入及增长

2. 邮政寄递服务业务

如图 10-2 和图 10-3 所示，2018—2022 年四川省的邮政寄递服务业务量和业务收入均呈现逐年增长趋势，年均增长率分别为 2.72%

和 6.21%，比全国年均增长率（4.73%和 1.02%）分别低 2.01 个百分点和高 5.19 个百分点，其中，2021 年和 2022 年的邮政寄递服务业务收入的增长率较 2018—2020 年有明显回落。

图 10-2　2018—2022 年四川省邮政寄递服务业务量及增长

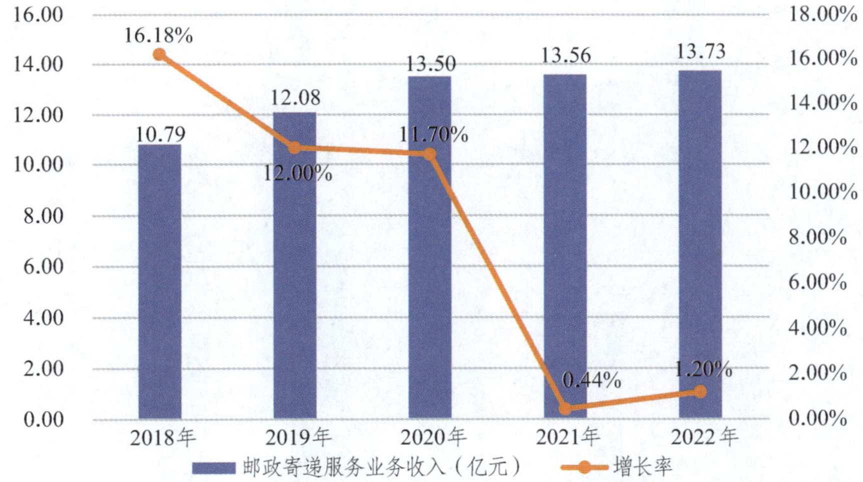

图 10-3　2018—2022 年四川省邮政寄递服务业务收入及增长

3. 快递业务

如图 10-4 所示，2018—2022 年四川省快递服务企业业务量呈现逐年增长趋势，年均增长率达到 18.40%，比全国年均增长率（21.52%）低 3.12 个百分点，2022 年快递业务量达到 2018 年的 1.96 倍。因疫情反复等因素影响，2022 年增长率仅 3.11%，低于《四川省“十四五”邮政业发展规划（2021—2025 年）》中的快递业务量年均目标增速（14%）。

如图 10-5 所示，2018—2022 年四川省快递服务业务收入呈现逐年增长趋势，增长率波动较大，年均增长率为 13.58%，比全国年均增长率（15.01%）低 1.43 个百分点。2022 年的增长率仅 3.78%，低于《四川省“十四五”邮政业发展规划（2021—2025 年）》的快递业务量年均目标增速（12%）。

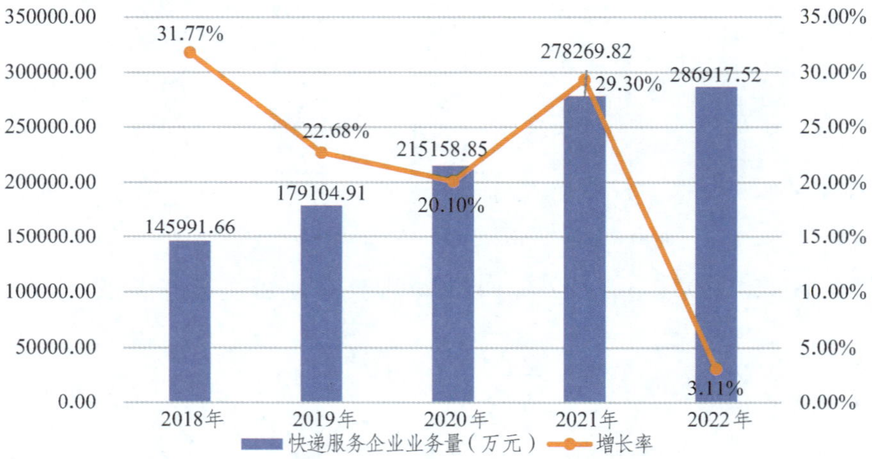

图 10-4　2018—2022 年四川省快递服务企业业务量及增长

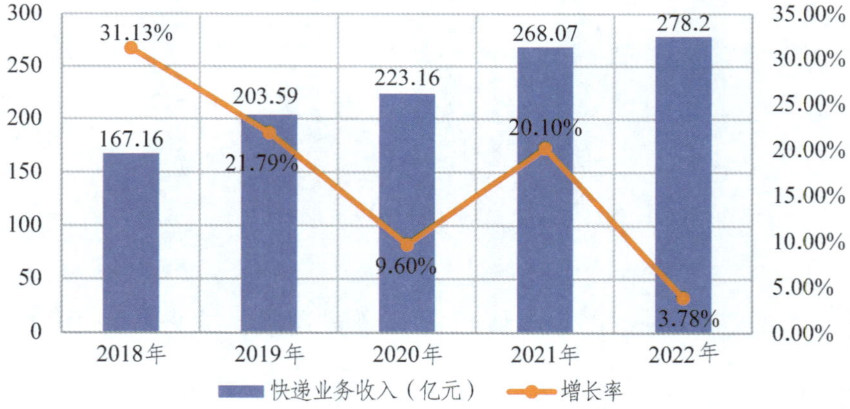

图 10-5　2018—2022 年四川省快递业务收入及增长

2018—2022 年期间，四川省邮政业务规模稳步增长，邮政行业业务收入、邮政寄递服务业务量、快递服务企业业务量、快递服务企业业务收入的年均增长率均低于全国平均增长率，2022 年快递业务量和收入均在全国排名第10，西部地区排名第1。2022年的邮政业务收入、快递服务企业业务量、快递服务业务收入的增速均低于《四川省“十四五”邮政业发展规划（2021—2025年）》中的年均目标增长率，这主要是受在疫情封控影响下四川省的整体经济增速有所放慢导致的。

10.1.2　月度分析

1. 业务发展情况

如图10-6所示，2022年四川省1～12月的邮政行业业务收入中，2月受春节期间网运调整、业务淡季的影响，收入最低；除了9月外，其他月份同比均为正增长，12月份的增长率最高，达到28.46%，9月的增长率最低，为－2.60%；2022年9月，四川省成都市、达州市、泸州市等多个城市相继进入静默模管理模式，这是造成当月邮政行业业务收入同比呈现负增长的重要原因。

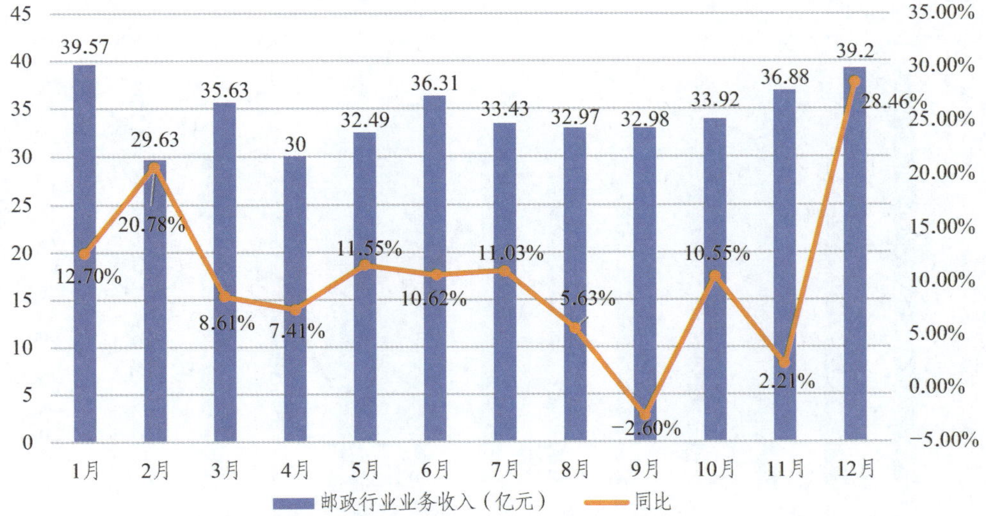

图10-6　2022年四川省邮政行业业务收入月度分布

2. 邮政寄递服务业务

如图10-7所示，2022年四川省1～12月的邮政寄递服务业务量中，由于受春节期间网运调整、业务淡季的影响，2月的邮政寄递服务业务量最低，1月、9月、10月和11月的邮政寄递服务业务量与上年同期相比呈现负增长；如图10-8所示，从邮政寄递服务业务收入来看，7~9月份的业务收入相当，为全年最低，8月、9月、10月和11月的邮政寄递服务业务收入较上年同期均有所下降，最大降幅出现在9月份，增长率为-18.86%。

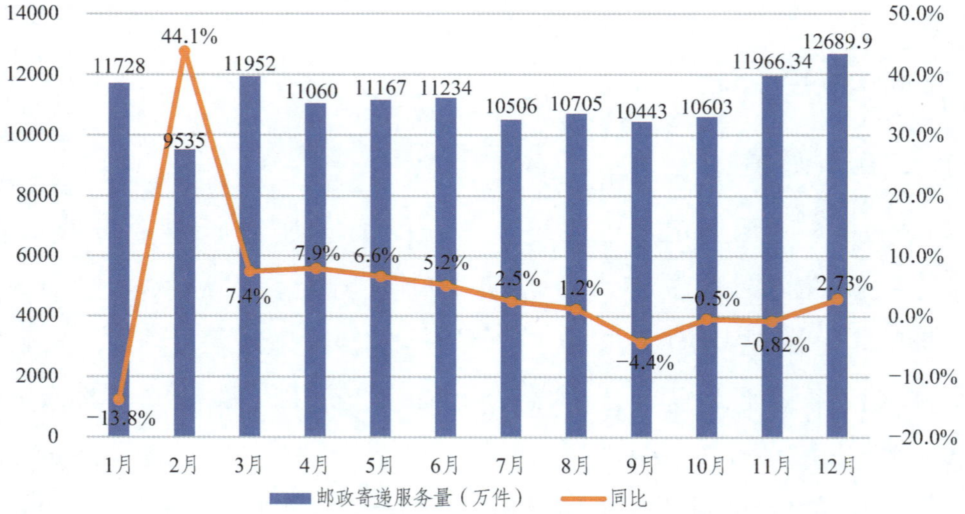

图10-7　2022年四川省邮政寄递服务业务量月度分布

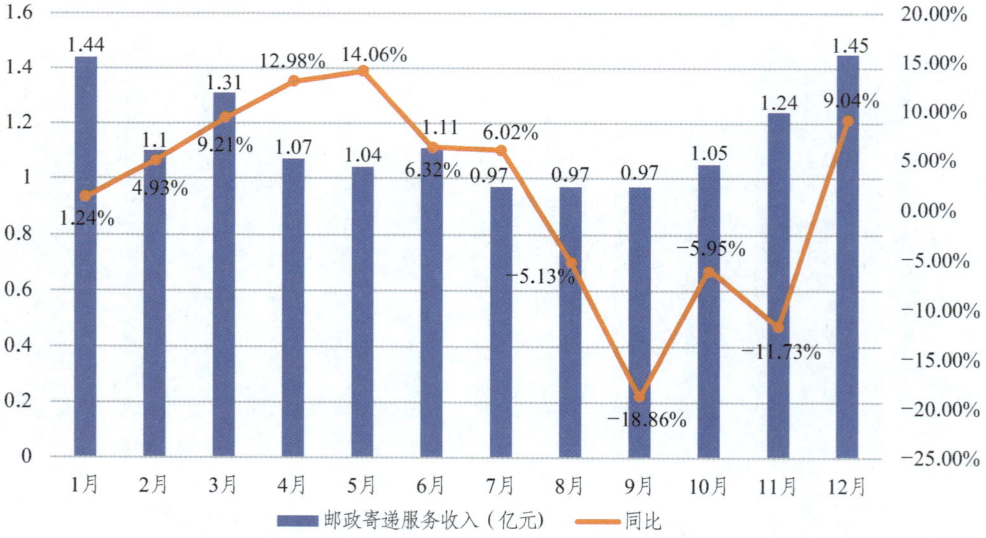

图10-8　2022年四川省邮政寄递服务业务收入月度分布

3. 快递业务

如图10-9和图10-10所示，2022年四川省1~12月的快递企业服务业务量中，因春节假期业务淡季，2 月的业务量和业务收入最低，11 月的业务量和 12 月的业务收入最大。从同比增长情况来看，8 月和 9 月的业务量和 8 月、9 月及 11 月的业务收入均呈现负增长，9 月的快递业务量和业务收入同比下降幅度最大，2 月的快递业务量和业务收入的增长率均最高。

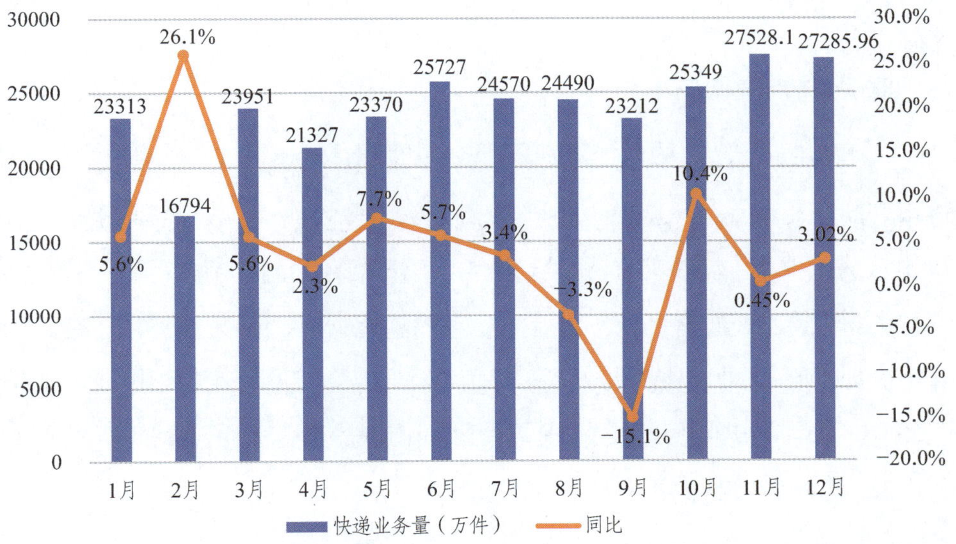

图 10-9　2022 年四川省快递服务企业业务量月度分布

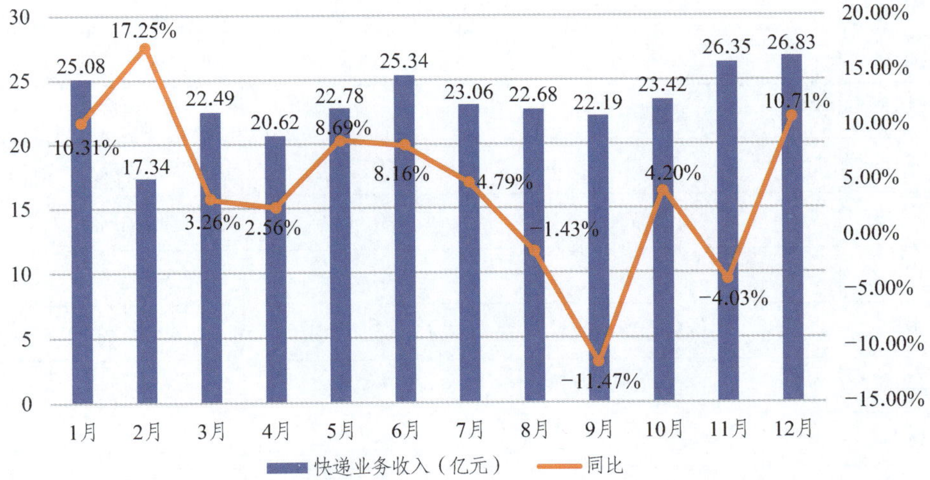

图 10-10　2022 年四川省快递业务收入月度分布

2022 年 9 月，成都市、达州市、泸州市等多个城市相继实行区域静默管理，社会对寄递服务需求减少，邮政寄递及快递服务运输受阻、派件延迟，个别分拨中心快件积压等，使所有指标在 9 月均呈现同比负增长的状态，这也是导致 2022 年整体增长率下降的主要原因之一。

10.1.3 区域分析

1. **业务发展情况**

如表 10-1 所示，2022 年四川省各地市（州）邮政业务收入中，成都市的收入最高，占比达到 49.54%，邮政业务收入排名前 5 的地市（州）分别为成都市、德阳市、南充市、绵阳市和泸州市，阿坝州和甘孜州的邮政业务收入最低。从同比增长情况来看，2022 年仅泸州市的邮政行业业务收入呈现负增长，其他地市（州）的邮政行业业务收入均呈现正增长，其中德阳市的增长率最高，达 27.09%，泸州市的增长率最低，为 – 0.70%。

表 10-1　2022 年四川省各地市（州）邮政业务收入

区域	邮政行业业务收入 / 亿元	同比	占比	排名
四川省	413.00	10.21%		
成都市	204.61	7.42%	49.54%	1
德阳市	24.94	27.09%	6.04%	2
南充市	21.9	10.70%	5.30%	3
绵阳市	15.95	12.31%	3.86%	4
泸州市	14.7	– 0.70%	3.56%	5
达州市	13.88	15.49%	3.36%	6
宜宾市	12.06	7.95%	2.92%	7
眉山市	11.87	9.15%	2.87%	8
乐山市	9.49	20.60%	2.30%	9
凉山州	9.44	16.96%	2.29%	10

续表

区域	邮政行业业务收入/亿元	同比	占比	排名
遂宁市	9.34	13.72%	2.26%	11
自贡市	8.98	20.69%	2.17%	12
内江市	8.74	5.87%	2.12%	13
广安市	8.57	12.50%	2.08%	14
巴中市	8.12	13.45%	1.97%	15
资阳市	8.01	15.03%	1.94%	16
攀枝花市	7.91	6.88%	1.92%	17
广元市	6.51	11.80%	1.58%	18
雅安市	4.79	17.98%	1.16%	19
阿坝州	1.71	12.58%	0.41%	20
甘孜州	1.5	6.03%	0.36%	21

2. 邮政寄递服务业务

如表10-2所示，2022年四川省各地市（州）邮政寄递服务量和业务收入中，成都市的邮政寄递服务量和业务收入最高，占比分别达到31.58%和37.41%，邮政寄递服务业务量排名前5的地市（州）分别为成都市、绵阳市、广安市、泸州市和宜宾市，邮政寄递服务业务收入排名前5的地市（州）分别为成都市、眉山市、凉山州、南充市和泸州市，阿坝州的邮政寄递服务量和业务收入均最低。

从同比增长情况看，有4个地市（州）邮政寄递服务量呈现负增长，17个地市（州）呈现正增长，有8个地市（州）邮政寄递服务收入呈现负增长，13个地市（州）呈现正增长。

表10-2 2022年四川省各地市（州）邮政寄递服务业务量和业务收入

区域	邮政行业寄递业务量/万件	同比	占比	排名	邮政行业寄递业务收入/亿元	同比	占比	排名
四川省	133588.52	3.09%			13.73	1.20%		
成都市	42186.53	1.26%	31.58%	1	5.14	1.61%	37.41%	1

续表

区域	邮政行业寄递业务量/万件	同比	占比	排名	邮政行业寄递业务收入/亿元	同比	占比	排名
绵阳市	7519.16	-3.99%	5.63%	2	0.47	-5.51%	3.42%	11
广安市	7280.94	-0.92%	5.45%	3	0.42	-10.98%	3.06%	13
泸州市	6953.10	12.20%	5.20%	4	0.6	17.50%	4.37%	5
宜宾市	6812.09	2.29%	5.10%	5	0.55	-4.06%	4.00%	7
德阳市	6328.33	7.97%	4.74%	6	0.49	4.58%	3.57%	10
乐山市	6171.15	4.02%	4.62%	7	0.5	9.86%	3.64%	9
凉山州	5991.21	-3.98%	4.48%	8	0.69	-16.68%	5.02%	3
眉山市	5412.10	6.35%	4.05%	9	0.72	12.64%	5.25%	2
广元市	5302.62	0.00%	3.97%	10	0.26	-10.89%	1.89%	16
南充市	4942.71	8.76%	3.70%	11	0.68	12.20%	4.95%	4
达州市	4639.94	11.88%	3.47%	12	0.56	6.54%	4.08%	6
内江市	3876.99	4.22%	2.90%	13	0.54	7.75%	3.93%	8
自贡市	3565.50	14.94%	2.67%	14	0.45	23.73%	3.28%	12
遂宁市	3126.28	2.27%	2.34%	15	0.24	-17.46%	1.75%	18
巴中市	2817.73	7.25%	2.11%	16	0.33	1.87%	2.37%	14
雅安市	2485.74	10.68%	1.86%	17	0.31	3.53%	2.23%	15
资阳市	2313.93	2.19%	1.73%	18	0.26	-2.66%	1.89%	17
甘孜州	2277.41	9.59%	1.70%	19	0.20	4.33%	1.42%	19
攀枝花市	1829.10	-6.35%	1.37%	20	0.19	-31.64%	1.38%	20
阿坝州	1755.96	2.64%	1.31%	21	0.16	3.46%	1.18%	21

3. 快递业务

如表 10-3 所示，2022 年四川省各地市（州）快递服务企业业务量和业务收入中，成都市的业务量最高，在四川省的占比达到

61.33%，在全国各城市快递业务量中排名13，较2021年靠后1位；成都市的业务收入最高，占比达到58.70%，在全国各城市快递业务收入中排名11，较2021年靠后2位。快递服务企业业务量排名前5的地市（州）分别为成都市、德阳市、眉山市、南充市和遂宁市，快递服务企业业务量排名前5的地市（州）分别为成都市、德阳市、南充市、绵阳市和眉山市，阿坝州和甘孜州的快递业务量和业务收入均最低。

从快递服务业务量和业务收入的同比增长情况来看，仅成都市、绵阳市、阿坝州和甘孜州4个地市（州）的快递服务业务量呈现负增长，其他17个地市（州）均为正增长，就快递业务收入而言，仅成都市和泸州市两市呈现负增长，其他19个地市（州）均呈现正增长。

表10-3 2022年四川省各地市（州）快递服务企业业务量

区域	快递业务量/万件	同比	占比	排名	快递业务收入/亿元	同比	占比	排名
四川省	286917.5	3.11%			278.2	3.78%		
成都市	175968.26	−3.59%	61.33%	1	163.3	−1.45%	58.70%	1
德阳市	14715.40	25.76%	5.13%	2	19.79	29.11%	7.11%	2
眉山市	12979.81	10.49%	4.52%	3	7.188791	7.19%	2.58%	5
南充市	11637.28	9.07%	4.06%	4	12.5	5.38%	4.49%	3
遂宁市	9939.83	21.77%	3.46%	5	5.28	13.99%	1.90%	12
泸州市	6955.4	3.90%	2.42%	6	6.8	−12.30%	2.44%	6
绵阳市	6870.01	−10.57%	2.39%	7	8.39	5.92%	3.02%	4
宜宾市	6559.89	5.47%	2.29%	8	6.67	2.50%	2.40%	7
攀枝花市	6042.01	3.40%	2.11%	9	6.58	7.13%	2.37%	8
乐山市	5240.25	54.04%	1.83%	10	5.54	24.46%	1.99%	10
内江市	4799.63	10.46%	1.67%	11	4.11	0.59%	1.48%	13
自贡市	4696.44	27.36%	1.64%	12	3.946662	29.97%	1.42%	14

续表

区域	快递业务量/万件	同比	占比	排名	快递业务收入/亿元	同比	占比	排名
凉山州	4477.66	47.89%	1.56%	13	5.49	27.36%	1.97%	11
达州市	4246.46	28.35%	1.48%	14	6.12	17.05%	2.20%	9
资阳市	2881.62	38.96%	1.00%	15	2.901647	21.74%	1.04%	18
雅安市	2695.27	33.67%	0.94%	16	3.121557	22.68%	1.12%	16
广安市	2354.96	33.85%	0.82%	17	3.16	11.20%	1.14%	15
广元市	1679.68	24.92%	0.59%	18	2.91	11.93%	1.05%	17
巴中市	1354.11	17.72%	0.47%	19	2.468276	9.52%	0.89%	19
阿坝州	520.28	－13.48%	0.18%	20	1.16344	14.54%	0.42%	20
甘孜州	303.29	－0.32%	0.11%	21	0.802038	0.08%	0.29%	21

综上，四川省各地市（州）的邮政行业发展有较大差距。各地市（州）邮政的相关指标中均是成都市占比较大，特别是快递业务量和业务收入占比均在60%左右，排名前5的地市（州）中，也仅2个地市（州）不属于成都平原经济区，而快递业务量和业务收入垫底的阿坝州和甘孜州均属于经济欠发达的川西北经济区，说明邮政业务发展与经济发展的相关性较大。

对部分交通、通信、仓储等设施较差的地市（州）应加大资金投入，各地市（州）也应积极引进和利用外资，加快对自身物流的相关设施建设，利用自身产业优势进行规划与协调，逐步缩小地区之间的差距。根据《四川省“十四五”邮政业发展规划（2021—2025年）》，利用甘孜州、阿坝州等地区丰富的旅游资源，依托、九寨黄龙机场、甘孜康定机场、稻城亚丁机场、阿坝红原机场等航空运力资源，提升运输能力。加快邮政快递与旅游业协同发展，加快推进新都桥、稻城、汶川、茂县等地快递物流园区建设，打造具有藏族风情的医药、农特产品等产业，促进邮政快递更好地服务藏区人民、完善乡村寄递网络，推动形成行业生态发展引领区。

10.2 邮政行业通信能力和服务水平

10.2.1 机构设备分析

1. 邮政行业营业网点

如图 10-11 所示，2018—2022 年四川省邮政行业的各类营业网点呈现逐年上升趋势，年均增长率为 10.43%，比全国平均年增长率（12.08%）低 1.65 个百分点，2022 年邮政行业拥有各类营业网点数量是 2018 年的 1.49 倍。2018—2022 年农村运营网点数量呈现上下波动趋势，2020 年和 2022 年呈现下降状态，2022 年农村的运营网点数量仅比 2018 年多 175 处，年均增长率为 0.05%，比全国平均年增长率（4.00%）低 3.95 个百分点，比四川省邮政行业各类营业网点数量年均增长率低 10.38 个百分点。

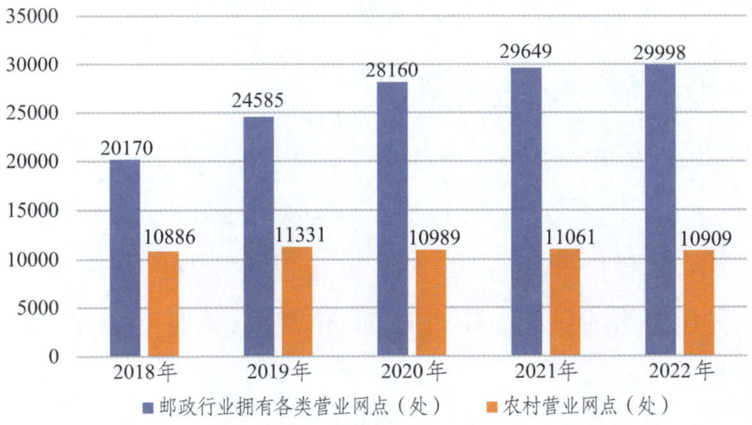

图 10-11 2018—2022 年四川省邮政业营业网点及农村营业网点

2. 快递服务营业网点

如图 10-12 所示，2018—2022 年四川省快递服务营业网点的数量呈现先上升后下降的趋势，在 2020 年出现拐点，年均增长率为 3.13%，比全国平均年增长率（3.80%）略低。2018—2022 年农村快递服务营业网点呈现上下波动趋势，2022 年农村快递服务营业网点数量基本与 2018 年持平，年均增长率为 -0.07%，比全国农村快递服务营业网点数年均增长率（6.35%）低 6.42 个百分点，比四川省快递营业网点的年均增长率低 3.2 个百分点。农村快递服务营业网点数量占快递服务营业网点数量的比例在 30%～40%，其中，2019 年的占比最高，为 42.89%；2020 年的占比最低，仅 31.72%。

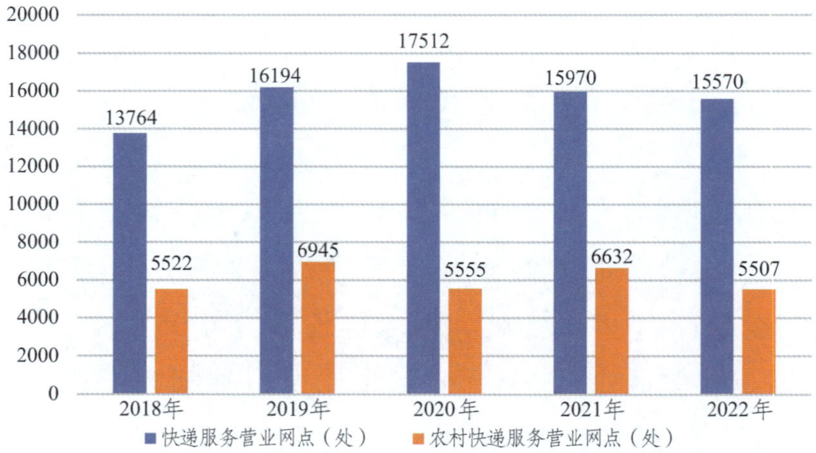

图 10-12　2018—2022 年四川省快递服务营业网点及农村快递网点

3. 邮政业拥有各类汽车数量

如图 10-13 所示，2018—2022 年四川省邮政业务拥有各类汽车数量呈现上下波动趋势，仅 2021 年呈现下降状态，其他年份均呈现增长状态，年均增长率为 3.37%，比全国平均年增长率（3.39%）略低。2018—2022 年快递服务汽车数量整体呈现上升趋势，仅 2021

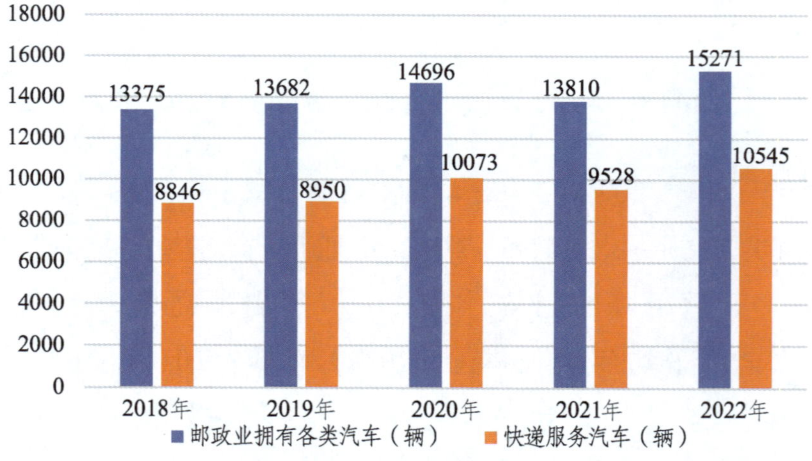

图 10-13　2018—2022 年四川省邮政业拥有各类汽车及快递服务汽车数量

年呈现下降状态，其他年份呈现上升趋势，年均增长率为 4.49%，比全国平均增长率（2.62%）高 1.87 个百分点，快递服务汽车占邮政业拥有各类汽车的占比波动较大，2022 年的占比最高，达到 69.05%。

10.2.2 通信网路分析

1. 邮路条数及线路长度

如图 10-14 所示，2018—2022 年四川省邮政邮路条数呈现上下波动趋势，年均增长率 4.13%，比全国年均增长率（1.96%）低 7.83 个百分点，2018 年的增长率最高，达到 21.09%；2021 年的增长率最低，为 – 1.93%。2018—2022 年四川省邮路总长度呈上下波动的趋势，仅 2021 年呈现下降状态，增长率为 – 35.22%，年均增长率为 1.76%，比全国年均增长率（3.78%）低 2.01 个百分点。

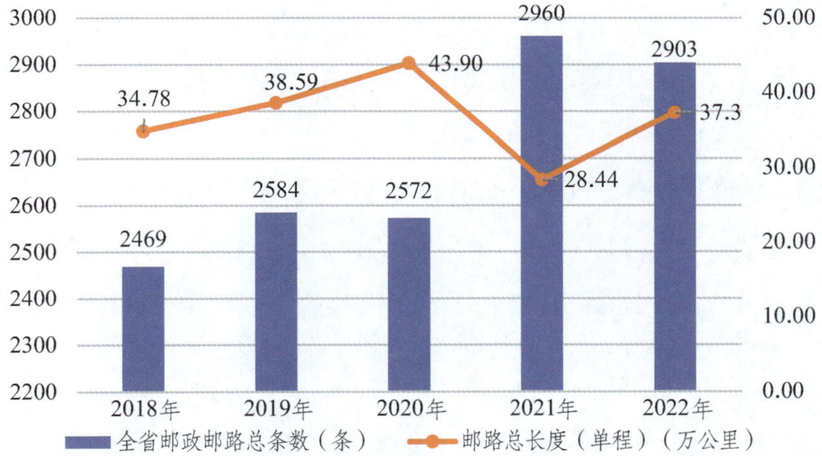

图 10-14 2018—2022 年四川省邮政邮路条数及总长度

2. 农村投递条数及线路长度

如图 10-15 所示，2018—2022 年四川省邮政农村投递路线条数呈现先上升后下降的趋势，在 2019 年出现拐点，年均增长率为 – 4.75%，比全国年均增长率（2.29%）低 7.04 个百分点，比四川省邮政邮路条数年均增长率低 8.88 个百分点。2018—2022 年四川省农村投递线路长度呈现先上升后下降的趋势，在 2019 年出现拐点，年均增长率为 – 3.11%，比全国年均增长率（0.71%）低 3.82 个百分点，比四川省邮政邮路总长度年均增长率低 4.87 个百分点。

图 10-15 2018—2022 年四川省邮政农村投递路线及长度

3. 城市投递条数及线路长度

如图 10-16 所示，2018—2022 年四川省邮政城市投递条数整体呈现上升趋势，仅 2020 年呈现小幅下降，年均增长率为 10.29%，比全国年均增长率（14.19%）低 3.9 个百分点，比四川省年均增长率高 8.53 个百分点。2018—2022 年四川省城市投递线路长度呈现逐年上升趋势，年均增长率为 5.82%，比全国年均增长率（8.53%）低 2.91 个百分点，比四川省邮路总长度年增长率高 4.06 个百分点。

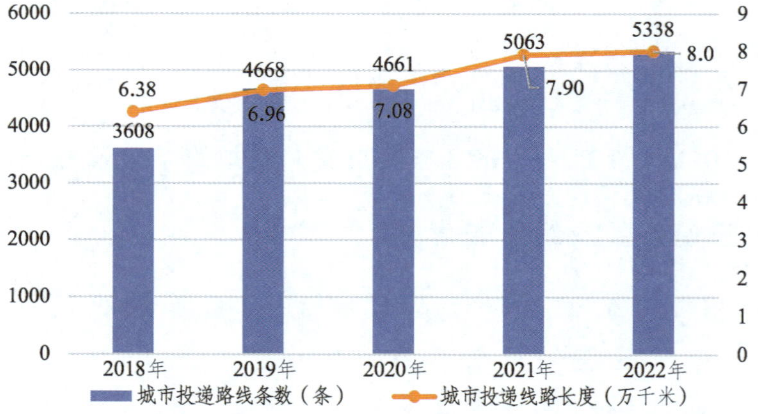

图 10-16 2018—2022 年四川省邮政城市投递线路及长度

4. 快递网路条数及线路长度

如图 10-17 所示，2018—2022 年四川省快递服务网路条数中，仅 2020 年呈现下降状态，其余年份呈现上升状态，年均增长率为 21.64%，比全国年均增长率（4.61%）高 17.03 个百分点，比四川省邮政邮路条数年均增长率高 17.51 个百分点。2018—2022 年快递服务网路长度呈现先降后升的趋势，在 2019 年出现拐点，年均增长率为 18.06%，比全国年增长率（13.26%）高 4.8 个百分点，比四川省邮路总长度年均增长率高 16.3 个百分点。

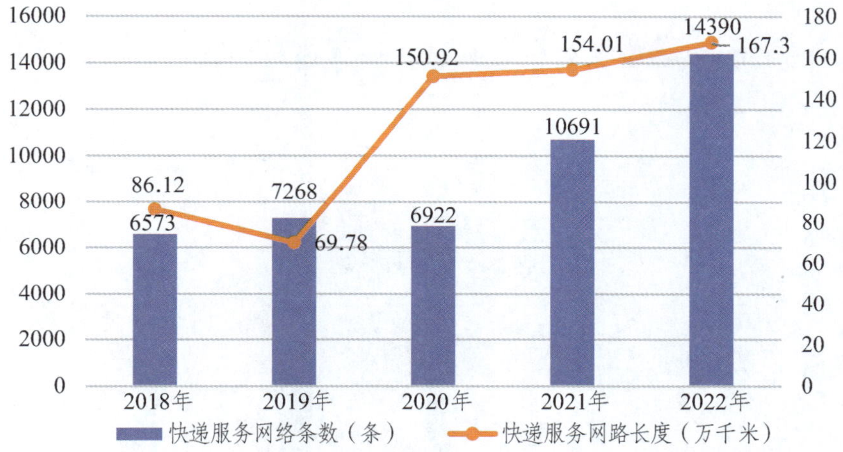

图 10-17　2018—2022 四川省快递服务网路条数及长度

10.2.3　服务能力分析

如图 10-18 所示，2018—2022 年四川省邮政行业的各类营业网点平均每一营业网点服务面积和服务人口呈现逐年下降的趋势，均低于全国平均水平，年平均下降率分别为 9.45%和 9.35%，相比全国平均下降率（10.86%和 11.99%）分别低 1.41 和 2.64 个百分点。

如图 10-19 所示，2018—2022 年四川省人均用邮支出、快递支出及年人均快递使用量呈现逐年上升趋势，均低于全国平均水平，年均增长率分别是 12.98%、13.47%和 18.06%，分别比全国的年均增长率（14.00%、14.68%和 21.11%）低 1.02、1.22 和 3.04 个百分点。

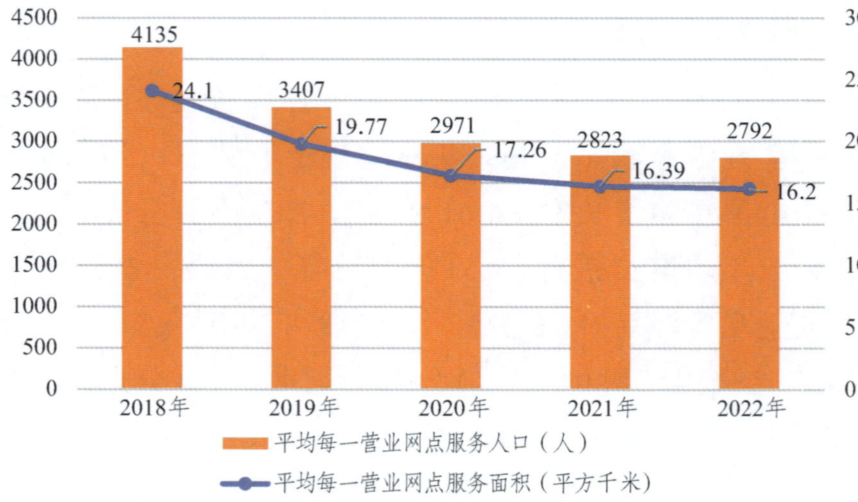

图 10-18　2018—2022 四川省邮政行业平均每一网点服务面积及人口

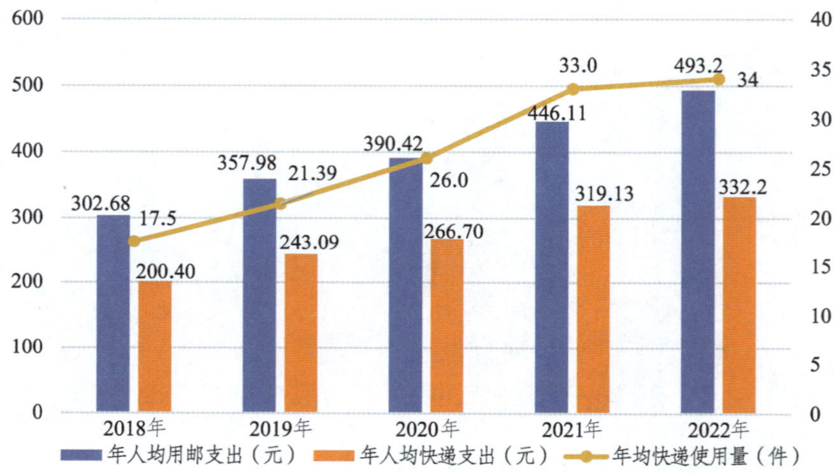

图 10-19　2018—2022 四川省年人均用邮支出、快递支出及快递使用量

2018—2022 年，四川省邮政业通信能力和服务水平的主要指标整体呈现上升趋势，仅农村快递营业网点数量、农村投递线路条数和长度年均呈现负增长。整体来看，基础设施网络不断健全，服务能力不断提升，但是服务能力的相关指标均低于全国平均水平，各类营业网点数量、四川省邮政邮路条数及长度、农村投递条数及长度、城市投递条数及长度和服务能力的相关指标的增速均低于全国平均增速。

2018—2022 年四川省设在农村的邮政行业的各类营业网点和快递营业网点及农村投递线路条数及长度年均增长率均远低于全国和

四川省平均水平，说明四川省农村邮政业发展还相对欠缺。网点数量、线路条路及长度都经历了先增长后下降的过程，说明农村快递网点的增加需要在充分调研的基础上进行规划布局，否则会造成一定程度的资源浪费。

2022年5月，四川省服务业发展领导小组办公室印发《2022年四川省服务业工作要点》，明确建设三级物流体系，建设县域农村数字商业体系，打造县乡村三级商贸物流节点示范县。南充市、内江市等地市（州）相继出台文件表示，要配套完善农村基础设施，建设完善县、乡、村三级物流配送体系。随着县、乡、村三级物流体系的逐步完善，农村的通信能力和服务水平将得到大大提升。

回顾与展望篇

近年来，在四川省委省政府的坚强领导和交通运输部的支持指导下，四川省坚持以推动物流高质量发展为主题，以提高物流专业化、现代化和国际化水平为主线，不断完善交通物流基础设施体系，不断提高城乡交通物流服务水平，在保通保畅、提高物流运行效率、降低物流成本等方面发挥了关键作用，有效推动了物流产业稳健运行，为推动四川省经济社会持续健康发展提供了有力支撑。

11 发展特点

四川省交通运输部门积极顺应现代物流业发展的客观规律，认真落实交通强国建设内在要求，努力打造绿色高效的现代物流系统，加速完善现代交通物流体系，大力推动交通物流发展。目前四川省交通物流发展呈现以下特点：

11.1 总体运行态势良好，规模效益提升恢复

2018—2022 年四川省社会物流总额、物流业总收入、货运量和周转量、邮政行业的业务量、快递服务企业业务量、进出口贸易值等反映四川省交通物流行业规模的指标均呈现整体上升趋势，四川省交通物流行业保持较强韧性，产业规模在逐步壮大中。虽然受疫情等因素影响，交通物流产业增加值存在一定波动，但在四川省积极推动国家物流枢纽等正常运营、全力保障生产生活物资供应、维护产业链供应链稳定等一系列举措的实施下，有效实现了保畅稳链。产业增加值呈现恢复势头，同时交通物流需求结构持续优化，进口物流需求拉动力逐步增强，整体发展稳中向好。

11.2 物流通道日趋完善，运输结构持续优化

铁路、公路、水运、航空以及国际物流通道逐步健全，实现了

对外物流通道四向拓展，内部物流通道强干延支、逐步成网。各种运输方式稳步发展、功能互补。公路由于延伸性好、线路密度大、方便灵活，适合中短距离运输，是四川省物流运输的主力，在“四好农村路”“金通工程”等一揽子政策的推行下，四川省实现了“快递进村”“川货出川”渠道通达，为县域农村商业体系建设提供了畅通的物流通道。铁路凭借其运量大、单位成本较低的优势，成为跨省长距离物流的主力；航空具有速度快、航程远等特点，在进出口贸易中发挥着重要作用；水路与铁路一样具有运量大、单位成本低等特点，随着水水中转、铁水联运、公水联运等一系列举措的积极推行实施，水路运输在长距离运输中的优势不断凸显。目前，四川省已经形成“铁路+航空+公路+水路”多式联运的模式，区位枢纽功能进一步夯实。在国内，承接长三角经济圈、粤港澳经济圈、中原经济区等经济活跃区域，占据着连接我国西南、西北，贯通华南、华中的关键物流联运点，支撑着我国国内产业链、供应链的流转。在国际，四川省依托经济走廊和国际陆海贸易新通道成为国际贸易物流的重要支点。四川省运输结构持续优化，物流通道日趋完善。

11.3 设施布局不断优化，市场主体逐步壮大

聚焦打造“一核两翼四区”物流空间，四川省持续健全完善物流枢纽、物流基地、物流园区（中心）、口岸及海关特殊监管区域（场所）等设施布局和建设，成都陆港型、空港型国家物流枢纽，遂宁陆港型国家枢纽，达州商贸服务型国家物流枢纽等大型物流枢纽以及西部陆海新通道综合冷链物流成都国际铁路港基地、自贡国家骨干冷链物流基地、南充现代物流园等一批物流基地、园区（中心）运营良好。同时，交通物流行业市场主体不断壮大，形成了以 5A 级企业为龙头、规模以上企业为骨干、中小企业为支撑的梯度发展格局，企业市场竞争力和整体实力持续增强，物流网点逐步延伸至

各地市（州），为物流业的高质量发展提供了有力支撑。

11.4 发展环境有效改善，服务质效显著提升

四川省积极出台交通物流业相关重大政策文件，不断优化行业发展环境，主要体现在以下4个方面：一是优化行政许可。印发《四川省重点项目公路大件运输许可专项服务方案》，打通大件物流运输许可办理堵点；推进网络货运平台经营许可等4项许可开展告知承诺制审批方式改革和道路运输车辆“三检合一”改革。二是提升口岸通关效率。出台17条优化口岸营商环境支持举措，中欧班列（成都）运费分段结算估价管理改革经验获海关总署复制推广。实行“两步申报”通关模式，四川省国际贸易“单一窗口”主要业务应用率达100%，进出口货物整体通关时间分别压缩62.5%和79.8%。三是降低物流通行成本。进一步落实鲜活农产品运输“绿色通道”政策、高速公路ETC车辆优惠政策、国际标准集装箱运输车辆高速公路通行费优惠政策等，对符合优惠条件的车辆予以高速公路通行费优惠，为货运主体纾困解难，促进货运行业健康有序发展。四是便捷物流公共服务。大力推进物流领域大数据运用，探索创新物流数字化服务，建设四川（西部）物流大数据中心，开发四川省网络货运信息监测系统，推动5G、人工智能、物联网技术运用。达州网络货运基地加快打造，宜宾港港口大数据可视化平台投入运营，进一步提升物流公共服务信息化水平，物流服务质效实现突破提升。

12　存在的主要问题

总体来看，四川省交通物流发展取得了长足进步，但与四川省现代物流业高质量发展的需求相比，与构建新发展格局的要求相比，还存在一些突出问题和短板，主要表现在以下方面：

12.1　交通物流基础设施体系有待完善

近年来虽然已基本构建了“通道+枢纽+网络”现代交通物流基础设施体系，但网络通道基础设施仍存在短板，交通物流重要基础设施覆盖区域和密度尚不完善，结构不合理。铁路营业里程、覆盖率及通达性还不能满足四川省物流发展需求，如至京津冀、粤港澳大湾区、北部湾依然缺乏较高标准的高铁通道，南向西部陆海新通道西线铁路通道技术标准偏低，省内仍有 10 个地市（州）未通高铁。四川省水运通航里程虽破万，但四级及以上高等级航道占比仅为16%，三级航道仅 7.9%，远远低于重庆市、湖北省、安徽省等长江沿线省（市），水运优势难以有效发挥。川西北、攀西地区物流设施规模小、建设难度大，基础设施布局对产业的支撑和带动能力仍然不足。

12.2　交通物流成本偏高问题依然突出

2018—2022 年四川省的社会物流总费用与地区生产总值的比率均高于全国平均水平，仅在 2021 年与全国平均水平差距缩小到 0.1 个百分点，与浙江、广东等沿海发达省市比差距明显，社会物流成本的增速明显高于社会物流总额，作为社会物流成本主要构成因素的运输费用占比远高于全国平均水平，说明整体运输成本高、运输效率低，主要原因包括：一是铁路运输货运量占比较全国平均还有较大差距，规模效益不明显，水运运输效率较低，低成本优势难以有效发挥；二是综合性物流枢纽能力不足、集疏运体系不够完善，导致多式联运衔接紧密度不够、中转效率不高，一定程度上带来物流运行成本增高。需进一步优化调整运输结构、打通多式联运断点堵点、改进提升运输组织效率和运输调度智慧化水平，发挥龙头企业、枢纽场站的示范作用，整合物流资源，创新物流企业运营模式，促进集约化物流发展，真正实现提质、降本、增效。

12.3 交通物流对产业支撑作用需加强

虽然四川省重视经济发展对物流产业的提升作用，极力通过发展经济引导物流产业结构的优化升级，但与沿海发达省市相比，物流业增加值占第三产业增加值的比重较低，占 GDP 的比重仍居高不下，物流发展对四川省经济提升的贡献度还不够强，物流产业发展与经济发展速度不同步，尤其是近年来受疫情和国内外经济环境等外部冲击影响，物流产业发展出现阶段性波动，虽然有恢复势头，但恢复动能还需进一步强化，对四川省经济发展的支撑和引领作用还有待提升。

12.4 交通物流行业专业水平亟待提升

目前物流市场主体多、规模小、运行效率偏低，大部分物流企业科技含量不高，较多还依赖传统分拣和配送技术，信息化平台和智能化装备还未完全建立普及，发展较为粗放，缺乏具有较强供应链整合能力和全球竞争力的现代物流供应链企业，亟须提升物流企业更大规模化、更高现代化发展水平，促进降本增效。

13 发展建议

当前，我国已经迈上全面建设社会主义现代化强国的新征程，人民对美好生活的向往促进消费升级，交通物流必须提高服务质量和效率。在全面建设社会主义现代化四川的征程中，四川省交通物流大有可为也大有作为。四川省交通物流要全面贯彻新发展理念，积极融入新发展格局，主动服务地方经济社会发展，以高质量发展为主线，以交通强国建设为统领，以现代物流发展需求为导向，紧抓“长江经济带”“西部大开发”“西部陆海新通道”“成渝地区双城经济圈”等重要机遇，加快构建“通道+枢纽+网络”的交通物流基础设施体系，加速推进多式联运发展，积极发展“互联网+”货运物流，着力提高交通物流服务能力水平，大力促进交通物流降本增效提质，加快形成布局合理、便捷高效、技术先进、绿色环保、安全有序的现代交通物流体系，积极促进经济循环高效稳定。

13.1 补齐基础设施短板，做实物流发展支撑

13.1.1 持续打造立体交通网络

大力推进高速铁路建设，打通多向出川高速铁路大通道，全面融入国家“八纵八横”高铁网，提升高速铁路在地市（州）的覆盖率和通达性；加快完善以进出川大通道为核心、城际互联为重点、县域覆盖为目标的高速公路网络；加快构建“一横五纵多线”航道网，推动长江干线扩能提升，有序实施嘉陵江、岷江、渠江航道梯级建设和航道整治，提升通航条件；逐步补齐川西北和攀西地区等区域交通基础设施短板，构建立体多向互通的物流通道，推动对外“四向八廊”、内部“1轴2环3带4联”的全省综合立体交通网络骨架加快建成。

13.1.2 全面推进枢纽设施建设

加强物流枢纽设施和设备投入，根据“一核两翼四区”空间格局统筹四川省物流枢纽设施布局，争取更多国家级重大物流枢纽、基地、中心等项目在川落地，同时持续增强提升成都国家物流枢纽服务功能，引领带动遂宁市、泸州市、攀枝花市、达州市等国家级物流枢纽建设发展。紧盯成都国际陆港等重大交通物流发展高地，加快布局海外仓，提升国际揽货集货能力，同时围绕成都陆港型国家物流枢纽、国家骨干冷链物流基地等重大平台建设，逐步推动创新市场采购贸易方式试点、国家外贸转型升级基地建设、国家加工贸易产业园发展等，不断提升门户枢纽能级。同时持续推进重要物流运输节点区域建设更多物流园区、仓储、中转站等，不断优化运输方式的衔接和转换，提升物流设施的系统性，形成立体物流服务体系。

13.1.3 大力畅通国际物流通道

充分发挥天府国际机场、双流国际机场、成都国际陆港等重大国际物流枢纽作用，持续推动天府国际机场、双流国际机场“两场一体”运营，除了构建以成都市为核心、西向欧洲、东至北美、南至南亚东南亚的“Y”形全球航空货运网络外，可以开辟非洲和拉丁美洲的国际航空线路,部分货运量大的线路支持开行全货机航线。大力推进中欧班列高质量发展，加快建设中欧班列成都集结中心，完善“蓉欧+”班列基地，打造“干支结合、枢纽集散”的高效集疏运体系；进一步开拓欧洲市场，积极组织回程货源，在中欧班列沿线国家建立境外经贸合作区或产业园区、货物集散地或货物集结中心，增强同沿线国家在物流产业等方面的联系与合作，利用好中欧班列“速度快、运费低”的优势，为中欧班列吸引更多高附加值的商品运量，降低返程空箱运载率。

13.2 降低行业运营成本，做优物流服务质量

13.2.1 持续提升运输能力

充分发挥四川省铁路通道成网、水运通江达海的交通资源优势和成本比较优势，以铁路运能提升和水运系统升级行动为重点，加快补齐短板。铁路方面重点推进煤炭、矿石等大宗物资“公转铁”“散改集”，推进铁路专用线建设，充分发挥铁路运输优势，降低综合货运成本。水路方面重点引导适水货物公铁转水，加快翻坝转运体系建设，持续推进船舶标准化工作，加强各港口的资源整合，加强与重庆市各港口之间的衔接和系统建设，加快建成长江上游航运中心。

13.2.2 大力发展多式联运

深入推进多式联运示范工程建设，积极培育国家级、省级多式联运示范工程，加快建设成都天府国际空铁公多式联运物流港、成都国际铁路港多式联运等项目，继续支持泸州港打造集装箱铁水联运品牌、宜宾港加快推进进港铁路建设，着力构建连接国内国际的海陆空协调联动、优势互补的现代物流体系，加快提高运输组合效率；优化联运组织方式，鼓励铁路、港口、航运开展多方式联合，培育多式联运承运人，探索创新多式联运组织模式，推动建立多式联运营运一体化解决方案，推进“一单制”的全程无缝运输服务；拓展港口航线和运输服务辐射范围，加强铁路班列、船舶班期的衔接匹配，加快国际集装箱铁水联运发展。

13.2.3 加速物流数智升级

充分利用新一代信息技术，打造融合高效的智慧物流基础设施，支持建设一批智慧物流园区、智慧港口等，推动物流作业方式、运

作流程、经验模式等转型升级。加快四川综合交通大数据信息平台建立，建立铁公水航邮等跨领域大数据发展协同机制，推动空铁公水数据信息汇聚共享；推动专业化配送中心（网点）配备机械臂、智能机器人等智慧化设备，引导人口密集度低的城乡末端网点推广运用无人仓等设备。

13.3 推进产业协同发展，做大物流服务市场

13.3.1 促进交通物流与区域经济协调发展

积极推动运输链融入供应链、产业链，提升价值链。完善港站枢纽布局，加强与产业集聚区的有机衔接，引导和鼓励交通物流企业发展高品质、专业化、全链条定制物流服务。支持发展面向大型厂矿、制造业基地的“点对点”直达货运列车。鼓励发展面向高附加值制造业的航空运输服务。抢抓成渝地区双城经济圈建设机遇，建立深层次物流合作和经济合作，加快推动产业联动和要素整合，同时加强与长江经济带其他省份的合作,加快区域经济一体化进程；深化与欧洲、东南亚地区等国家的贸易合作，通过“一带一路”等促进省内商贸流通发展，不断释放物流发展需求。

13.3.2 引导关联产业联动集聚

充分发挥现代物流连接供应链产业链的“中枢神经”作用，加快推进交通物流与制造、材料、农业等产业协同融合发展，特别是保障四川省“六大优势产业（电子信息、装备制造、先进材料、能源化工、食品轻纺、医药健康）和战略性新兴产业（23 个省级战略性集群，聚焦 16 个领域，分布在成都、宜宾等 9 个市）的产、供、销的服务。积极培育城乡配送、农产品冷链等物流服务骨干企业，支持有条件的大型制造企业、商贸流通企业组建具有差异化竞争优势的物流主体，推进物流产业更快集聚。同时，进一步引进培育新兴业态，发挥保税区、口岸等优势，积极推进跨境电商平台打造，

建设集跨境商品储存、分拨、展销、交易等功能于一体的国际物流平台，构建特色优势商品 B2C 线下体验销售中心，围绕物流、贸易、制造等创新发展融资租赁、文化会展等服务，促进物流产业与其他产业共赢发展。

13.3.3 大力发展农村物流服务

有效提升快递末端服务水平，强化农村寄递物流基础设施。加快完善县乡村三级农村物流体系，补齐农村物流基础设施短板，鼓励有条件的县推进邮政、快递、商贸、农业、交通、供销等农村物流资源融合和集约利用，将村邮站纳入乡村公共基础设施，实行“快递进村”“邮政入户”政策，强化电子商务、便民服务、收寄投递、自提服务等功能，推进县域农村商业体系建设；探索农村物流末端配送新路径，推动农村电商与物流业融合发展，打造“电商+龙头企业+合作社+产业+农户”等新模式。建立健全县级物流设备信息管理平台，优化冷链物流设备调配管理，提高冷链设备运转效能，降低乡村冷链物流发展成本。

13.4 提升行业专业水平，做强物流竞争优势

13.4.1 提升市场主体竞争力

引导交通物流企业采用兼并、联盟、合作等形式，进行战略性重组，在航空运输、水路运输、公路运输、多式联运、国际贸易等领域培育一批具有国际竞争力或全国领先的大型物流企业，如重点培育发展四川省本土大型集装箱轮班运输企业，推动集装箱航运企业由承运人向综合物流方面转型升级。引导和支持物流企业利用先进技术手段，提高信息化、智慧化水平，提升作业和管理效率，增强核心竞争力。引导中小微物流企业发掘细分市场需求，做精做专，增强专业化市场竞争力，提高规范化运作水平。

13.4.2 加大专业人才培养力度

鼓励有条件的高校增设供应链管理等相关专业硕士、博士点，加快建立完善的物流高层次人才教育培训体系；同时积极鼓励企业加强与本地高校的合作，设立奖学金、人才培养基金等，完善人才薪酬制度，通过引培不断优化物流行业人才结构。

13.5 加大政府引导支持，做好物流基础保障

13.5.1 加大政府引导支持

按照“政府引导、市场调节”原则，在物流用地供给、资金保障、减税降费、物流信息共享等关键环节深化改革，结合实际完善物流产业与其他产业协同发展的相关政策，形成科学全面的物流政策体系，发挥财税优惠、用地保障、投融资机制、审批服务等多种扶持政策的“乘数”效应；以财政补助、资本金注入、财政贴息、设立交通物流产业发展专项资金等方式，支持重点项目建设，保障骨干交通物流企业、重点物流项目融资需求。建立健全物流行业管理体制，完善物流市场活动监管制度，构建以信用为基础、以信息化为手段的现代化治理体系，建立良性竞争机制，健全完善标准规范，促进行业健康发展。

13.5.2 加快建设应急物资运输保障体系

完善应急物资运输任务执行机制，以规模化、网络化、专业化物流企业为重点，推动建立应急运输储备力量；依托综合交通枢纽、物流园区、公路交通应急装备物资储备中心等，推动建立权责明确、层次清晰、分工合理的应急物资运输设施体系。构建互联共享的应急物资运输信息系统，建设部省两级应急运输指挥调度平台。

14 未来展望

从中长期看，尽管交通物流业发展仍然面临全球经济复苏乏力、运输成本压力增加、劳动人口减少等挑战，但四川省物流总体韧性强、潜力大、活力足，在疫情防控全面放开的大背景下，四川省经济逐步回归常态运行，服务一、二、三产业的交通物流需求将持续恢复，物流发展前景广阔。

14.1 产业支撑地位更加凸显

当前，我国正处于新发展阶段，《中华人民共和国国民经济和社会发展第十四个五年规划和2035年远景目标纲要》对物流发展、供应链创新高度重视，明确提出构建现代物流体系，出台了《“十四五”现代物流发展规划》等一系列文件，同时，物流业作为畅通国内大循环、促进国内国际双循环的战略支点，已成为推动新发展格局构建的重要产业。在此背景下，四川省高度重视物流产业发展，先后制定《四川省“十四五”现代物流发展规划》《四川省“十四五”现代流通体系建设实施方案》等发展规划方案。四川省现代物流体系建设谋篇布局不断完善优化，产业地位有效提升，未来物流产业在社会经济中的基础性、战略性、先导性作用将持续增强，对于四川省高质量发展的贡献度将不断提升，连接生产与消费、贯通国内国外的重要作用将显著发挥。

14.2 供需结构调整持续优化

在需求方面，近年来四川省统筹疫情防控和经济社会发展成效显著，四川省经济总量和人均GDP始终保持稳步扩增长。随着疫情防控全面放开，四川省经济运行态势将持续向好、居民消费能力将不断升级，物流需求规模也将不断扩大，尤其是内需型、消费型、进出口等方面的物流需求将不断增强，冷链物流、电商物流、即时物流、同城速递等与居民消费生活相关的领域将成为市场增长热点，高技术产业、战略性新兴产业等物流需求也将不断提升，整体需求结构将不断优化。

在供给方面，随着物流通道、物流枢纽等设施的建设完善，以国家物流枢纽为核心，多种运输方式为通道，国家骨干冷链物流基地、示范物流园区、多式联运场站、城市配送中心、物流末端网点等为支撑的“枢纽+通道+网络”的物流运行体系将逐步成型。随着营商环境的不断优化，市场主体也将持续壮大，同时在“公转水”“公转铁”、多式联运等一系列举措的实施下，运输结构将不断升级，供给结构将更加合理。

14.3 降本增效成果逐步体现

经历了频发疫情、高温干旱、缺电保供、地震灾情等多重冲击挑战，四川省物流发展韧性明显提升，随着减税降费等利好政策和措施的出台落实、基础设施的不断完善、运输结构和组织水平的全面优化，以及物联网、云计算、大数据、区块链等新兴技术的应用和专业技能人才的引进培养、企业管理水平的不断提升等，四川省物流业将向数字化、智能化、绿色化发展方向变革，通过效率提升、技术进步、模式创新、节能环保等方式实现结构性成本、制度性交易成本和企业自身物流成本不断降低，整体运行质量和效率逐步提升。

14.4 协调开放程度不断加深

随着“一带一路”建设、长江经济带发展、新时代西部大开发、成渝地区双城经济圈建设等的深入实施，四川省与其他城市尤其是重庆市的合作交流不断加深，产业联动和要素整合不断加速，未来物流业将进一步实现空间协调、功能互补发展。同时，四川省坚持高水平对外开放，着力建设内陆开放高地，随着中欧班列、中亚班列、西部陆海新通道等国际物流大通道的建设运营，国际物流合作与交流不断加强，国际运输、通关与物流便利化水平不断提升，更高水平、更大范围、更深层次的物流开放新局面将加速形成。

14.5 绿色智慧发展不断加强

物流业是能源消耗和碳排放大户，“双碳”战略目标下交通物流绿色低碳发展将成为重要方向。一是要加大城市内新能源配送车辆普及力度，推动港站枢纽内部、集疏运通道、城际甩挂运输等场景运用电能、氢能中重型货车，推进船舶动力脱硫脱碳，要大力支持港站枢纽和公路服务区综合利用风光水资源，发展分布式发电与灵活充放相结合的绿色供电系统、制储运加一体化的氢能供应系统，推进快递物流包装绿色化、减量化、可循环；二是要支持企业加大物联网、边缘计算、人工智能、区块链等新技术研发应用，运用多维感知、高精度定位、智能网联的新技术设备，形成供需资源高效匹配的新模式、碳排放精准监测的新手段，发展壮大网络货运、碳排放筹划和交易等新业态。要进一步坚持创新驱动，用数字化带动物流降本增效，要深入实施“互联网+”推动互联网大数据、区块链等现代信息技术与现代物流融合发展，促进网络货运等互联网平台规范有序发展。以科技创新、数字创新引领带动物流业转型升级，加快建设现代流通体系，支撑四川省经济的高质量发展。

附录 四川省部分龙头物流企业经验分享

大力推进“智慧蜀物”数字信息化提升工程，全面推进各业务条线智慧平台建设

——四川蜀道物流集团有限公司经验分享

四川蜀道物流集团有限公司(以下简称：物流集团)整合所属广润投资集团、四川交投物流公司和四川交通物资公司，于2021年12月28日揭牌成立，是蜀道集团直属企业之一，注册资本金100亿元，所属企业23家，职工近千人。2022年实现营业收入超500亿元，营收规模迈入成渝地区第一方阵，实现利润近4亿元，资产总额达175亿元。荣获2022四川企业100强、四川服务业企业100强、四川省交通运输系统先进集体、2021—2022年度西部物流百强企业等称号。

近年来，蜀道物流集团大力推进“智慧蜀物"数字信息化提升工程，加快建设数字化物流网络和应用管理平台，全面推进各业务条线智慧平台建设，大幅提升业务运营效率和管理水平。

一、物流园区投资建设运营

充分依托蜀道集团公路铁路基础设施网络，聚焦区域中心城市和产业集聚区，在成德眉资核心区域、川内重要物流枢纽和关键节点，科学布局生产服务型、商贸服务型、货运服务型、综合服务型

等各类功能园区，形成覆盖全川的三级物流园区网络，以园区为平台深度整合区域产业链上下游，构建产业生态圈。

川内首个县域综合智慧公路物流港项目投运——渠县智慧公路物流港

集团首个国家级物流枢纽项目落地——四川蜀物攀枝花智慧现代产业园

二、集采集供

聚焦蜀道集团内部工程建设，按照蜀道集团集采集供统一部署实施二级目录物资设备集采集供，主动融入一级目录物资的运输及流通加工。依托内部集采，大力拓展外部实体贸易业务，打造川内最具规模工程物资集采服务平台，推进集电子化招标、在线交易、资金结算等服务为一体的集采集供信息系统建设。

三、物资商品供应链服务

重点围绕钢材、水泥、沥青、油料等大宗物资商品，大力推动数字化转型，打造以天府地材网为代表的产业互联网平台，构建“线上+线下”一体化运作的物资供应链集成服务体系。做精做实贸易平台，构建覆盖大西南、长三角、粤港澳大湾区等主要区域，辐射“一带一路”沿线的全球贸易网络，实现内外贸一体化运作。

四、现代物流运输

加快构建覆盖全国、辐射全球的“公铁水空”多式联运立体物流网络体系。运用互联网、物联网、大数据、区块链等现代数字技术搭建专业化智慧物流服务平台，同步拓展应急物流、定制物流、充换电等延伸服务。

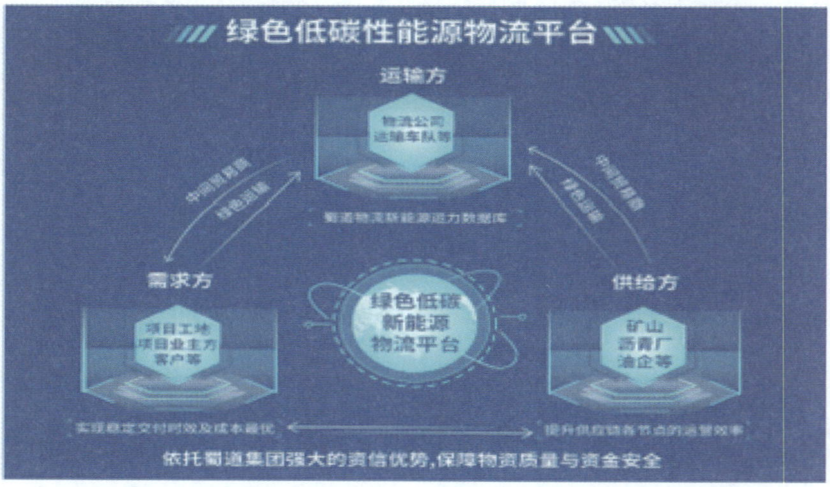

搭建新能源网络体系构建绿色低碳新能源物流平台

占全国海上风电运输项目市场份额20%

五、供应链管理

充分发挥物流集团产业生态圈优势，建立的智慧供应链综合管理服务平台拥有16项软件著作权，供应链金融服务系统与10多家银行、保理公司等金融机构实现系统对接。与各业务板块协同深度捆绑潜在客户资源，为客户企业提供全生命周期相关供应链金融产品。

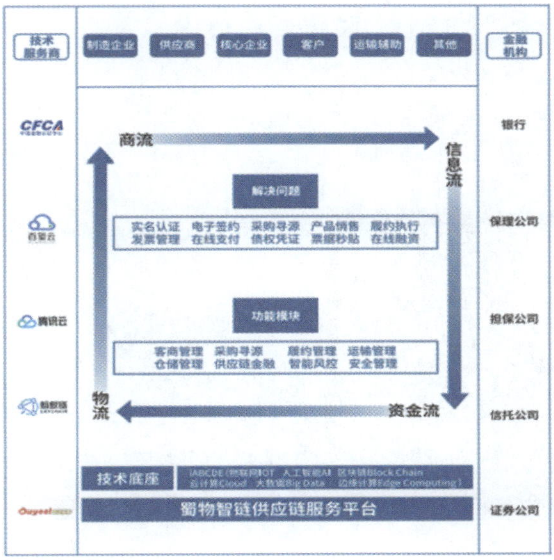

“铁公水空”多式联运体系日臻完善，物流枢纽网络基本成型

——四川省港航投资集团有限责任公司经验分享

四川省港航投资集团有限责任公司（以下简称“港投集团”）是2019年四川省政府批准成立的国有大型资本投资公司，是四川省委、省政府倾力培育以“现代综合物流投资运营及港口航道建设运营”为核心主业的省管一级企业，注册资本金93.7亿元，资产规模超700亿元，集团下辖企业近150家，员工4000余人。

一、企业荣誉

港投集团近年来获得以下荣誉：

（1）中国物流企业50强

（2）全国AAAAA级综合服务型物流企业

（3）西部陆海新通道物流产业发展联盟理事长单位

（4）中国物流与采购联合会副会长单位

（5）中国港口协会副会长单位

（6）四川省南向经贸联合会理事长单位

二、“铁公水空”多式联运

1. 铁　路

开通四川至欧洲、东南亚的“铁公水”联运服务线路30余条。2022年全年完成铁路物流集散量2.68万标箱。南向通道省级运营平台（四川省陆海新通道发展公司）高效运营，统筹全省南向班列资源，开展物流、贸易、产业、金融等专业化服务。

2. 公　路

依托网络货运平台、第三方物流聚合超50万台车辆，公路干线、大件运输自有运力稳居全省第一梯队，冷链规模在西南本土企业排名前3，公路运输物流市场集中度、可控度稳居全省头部方阵。高质量运营跨境公路运输（成渝）平台，常态化运行中欧线、中亚线、东盟线和港澳线4条“天府号”国际公路运输线路，2022年首年开行班车突破1000班。

3. **水　运**

控股泸州港、宜宾港等 5 个规模以上港口，参股重庆万州新田港，拥有2个国家临时开放口岸，稳定运行直达上海、钦州、日韩等地的江海、铁海联运航线近50条。成功整合泸宜乐三港“一体化”运营，推动嘉陵江成功复航，在全国率先实现跨省级行政区域通航建筑物联合调度，四川水运主力军作用充分彰显。

4. 航　空

“空中货运廊桥”覆盖欧洲、澳洲、北美及东南亚等国家和地区，与德迅集团签订航空物流协议并成功组织“南通—莱比锡”“成都-曼谷”等洲际全货机包机航线，积极引流成熟运营体系和业务流程入川，服务四川外向型产业发展。

三、形成物流枢纽网络

1. 省　内

在成都、泸州、达州、攀枝花等国家物流枢纽承载城市布局构建了覆盖四川五大经济区及南向、东向主通道的综合物贸节点战略布局。成功整合云港物流园（新港）以及川东北规模最大的达州公路物流港，打造南向、东向发展的陆港型物流枢纽“桥头堡”；正式投运成都陆海新通道（青白江）综合冷链物流基地，开工建设泸州港综合物贸集散中心，签约落地成都天府国际智慧物贸云港（四川跨境公路运输集散中心）以及广元川陕甘铁路冷链及粮供应链产业园，覆盖全省五大经济区的综合物贸节点布局已基本形成。

2. 省　外

正在加快建设陆海新通道（钦州）综合冷链物流港基地以及重庆万州新田港二期工程，摘牌海口江东新区智慧物贸云港建设用地，与省内节点形成联动，打造面向西部陆海新通道、“一带一路”的综合物流双向网络，围绕智慧物流、数字物贸、国际供应链等领域全面开拓市场。

3. 境　外

在老挝落地运营万象南、万象北物贸集散“双中心”，在泰国曼谷设立四川跨境公路班车东盟分拨中心，在马来西亚加快推进关丹综合物流产业园建设，在欧洲、东南亚等区域国际节点城市运营8个海外仓，有效链接300余个海外云仓资源，有力提升四川进出口商品集散分拨能级。

大力推进“智慧物流”数字营销体系，全面提升航空物流供应链服务平台建设

——四川川航物流有限公司经验分享

四川川航物流有限公司（以下简称“川航物流”），是四川航空股份有限公司控股、成都交投航空投资集团参股的现代综合物流服务提供商，总部设立于双流国际机场，主营国际及国内航空物流业务，荣获全国5A级物流企业和西部百强物流企业等称号。

川航物流以现代物流理念为指导，在经营国际及国内航空腹舱货邮运输业务的基础上，凭借全货机航线优势，通过建设航空枢纽通道、集成空地联运网络、创建特色电商平台多措并举，以客户需求为导向塑造服务品牌，已成为西南地区独具特色的“飞机+”物流需求服务提供商。

一、航空物流数字营销

自主研发空运平台模块，货站运行保障数字化程度达 95%，共计在全国 11 个航站推广应用电子货单，实现智慧安全管控平台安全管理数字化覆盖；积极建设数字货站，实现 4 个智能仓储场景的落地；打造营销辅助决策平台，构建航空物流数智营销体系。

二、两场转运

为优化航空货运搭建便捷通关模式，川航物流以安全和优质服务为前提，在两场相同公司相同安检机构的基础上，将转运货物从双流或天府货物存放区通过接驳措施后装载至专用车辆，经社会公共道路运输至另一场货物存放区的转运模式，实现双流和天府航空货物运输安保链，以增强航空货运市场竞争力。

三、城市货站

川航物流城市货站项目可为客户在家门口办理货物进出口业务，包括订舱揽收、打板运输、进场安检、报关出口、卡车中转等服务，通过川航的国际航班进行运输，比传统运输模式可节省 24 小时以上时间，实现与成都天府机场枢纽间 2 小时的卡车服务圈，借助川航航线网络优势，充分发挥天府机场对于省内各地区的辐射作用，推动地方企业进出口贸易发展，助力构建国内国际双循环发展新格局。